Kohlhammer

Geschichte im Unterricht

Werner Heil

Kompetenzorientierter Geschichtsunterricht

Verlag W. Kohlhammer

Umschlag: Sphinx des 6. Jahrhunderts v. Chr.
(Archäologisches Nationalmuseum Athen)

1. Auflage 2010

Alle Rechte vorbehalten
©2010 W.Kohlhammer GmbH Stuttgart
Gesamtherstellung:
W.Kohlhammer Druckerei GmbH + Co. Stuttgart
Printed in Germany

ISBN 978-3-17-021228-2

Inhaltsverzeichnis

1 Die Genese des kompetenzorientierten Unterrichts und die damit verbundene Skepsis

Der kompetenzorientierte Unterricht stellt eine Weitere der zahlreichen Neuerungen dar, die im letzten Jahrzehnt die Bildungslandschaft in Bewegung gebracht haben. Er ist Teil des Konzepts der sogenannten Bildungsstandards, die die Mängel des alten lernzielorientierten Unterrichts überwinden sollen, die in den entsprechenden Studien zu Schülerleistungen nach der Jahrtausendwende aufgedeckt wurden. Darin zeigt sich einerseits das Leben dieser Bildungslandschaft, andererseits ist damit die Gefahr verbunden, dass die Vielzahl der Neuerungen nicht angemessen verwirklicht werden kann und bei denen, die sie von Amts wegen umsetzen sollen, auf Skepsis oder gar Ablehnung stößt, weil ihnen die Neuerungen mehr bildungspolitisch als pädagogisch begründet erscheinen oder einfach über den Kopf wachsen.

Skepsis gegenüber bildungspolitischen Neuerungen

Beide Gefahren dürften bei der Einführung des kompetenzorientierten Unterrichts eingetreten sein: Eine Reihe von Bildungsplänen ist zu einem Zeitpunkt in Kraft getreten, zu dem das theoretische und didaktische Fundament dieses Unterrichts noch nicht hinreichend gelegt war und zudem die Lehrerschaft noch nicht genügend vorbereitet war, das pädagogisch und didaktisch Bedeutsame dieser neuen Gedanken zu erkennen. Sowohl der Prozess der Fundamentierung des kompetenzorientierten Unterrichts in den Bildungsplänen als auch seine Implementierung in die Lehrerschaft dauert noch an; besonders die zweite Aufgabe steckt gegenwärtig – trotz großer Anstrengungen der Ministerien und Regierungspräsidien – noch in den Anfängen. Die Lehrerschaft neigt heute (2009) noch in nicht geringen Teilen dazu, in dieser neuen Unterrichtsform nur „den alten Wein in neuen Schläuchen" zu sehen. Diese Sicht mag verständlich sein, ist aber unberechtigt, wenn man unvoreingenommen das didaktische Potenzial des standardbasierten bzw. kompetenzorientierten Unterrichts ins Auge fassen will und kann.

Bildungspläne oft ohne kompetenzorientierte Fundamentierung

Die natürliche und berechtigte Frage der Lehrerinnen und Lehrer ist, was an diesem Unterricht neu gegenüber dem ist, was sie bisher getan und unterrichtet haben. Im Nachsatz klingt die Abwehr eines bewussten oder unbewussten Vorwurfs mit, dass man seine Aufgabe nicht zur Genüge erfüllt habe. Diese Frage nach dem Neuen zu beantworten ist, die Aufgabe der Bildungspläne und der Kompetenzmodelle. Bezüglich des Nachsatzes mag der Hinweis auf das permanente Lernen genügen, das zum konstitutiven Leitbild des Lehrerdaseins gehört – und natürlich nicht nur zu ihm. Es schließt das Be-

Skepsis und Abwehr

streben ein, die bisherige Arbeit weiter verbessern zu wollen. Darin eine unterschwellige oder gar unberechtigte Kritik am Bisherigen sehen zu wollen, wäre ein grundlegendes Missverständnis des Gedankens der Entwicklung und Weiterentwicklung.

Problematische Einführung des kompetenzorientierten Unterrichts

Die Art der Einführung der Idee des kompetenzorientierten Unterrichts war allerdings nicht geeignet, das Vertrauen der Lehrerschaft in diese neue Unterrichtsform zu gewinnen. „Outputorientierung", „Qualitätssicherung", „Portfolio" waren Begriffe, die man aus der Industrie- und Bankenwelt kannte; sie auf die Schule sowie die Erziehung und Bildung von jungen Menschen anzuwenden, sträubte sich zu Recht nicht nur das pädagogische Empfinden, sondern auch der pädagogische Verstand. Bildung ist keine Ware, die man nach den Standards der Warenproduktion messen und bewerten kann. Das ist zweifellos richtig. Dennoch darf man darüber nicht vergessen, dass auch Bildungsprozesse und Bildungseinrichtungen verbessert werden können. Das ist eine Selbstverständlichkeit, gegen die man sich nicht habituell wehren sollte, auch wenn das technische und der Finanzwelt entnommene Vokabular, mit dem die Reform der Bildungspläne eingeleitet wurde, unglücklich und unpassend war. Auch wenn man meint, unberechtigte Interessen bestimmter Personen- oder Berufsgruppen dahinter ausmachen zu müssen, sollte man nicht verkennen, dass die Reform ein Potenzial enthält, das geeignet sein kann, den Bildungsprozess zu verbessern. Es kommt hier nicht nur darauf an, welche Interessen mit der Implementierung einer solchen Unterrichtsform verbunden werden, sondern auch und besonders darauf, was die Lehrerschaft aus pädagogischen Erwägungen aus diesem Potenzial machen will und machen kann. Hier besteht ein pädagogischer Handlungsraum, den man nicht verschenken sollte, indem man nur darauf hinweist, dass hier schul- und bildungsfremde Interessen am Werk gewesen seien.

Diskreditierung der Lernziele nicht überzeugend

Ein weiterer Grund der Skepsis gegenüber dem kompetenzorientierten Unterricht lag in der lautstarken Diskreditierung der Lernziele, also des Fundaments des bisherigen lernzielorientierten Unterrichts. Lernziele seien überholtes Wunschdenken, die es dringend durch die Realität der Ergebnisse – des „Outputs" – abzulösen gelte. So schallte es weithin durch das Land; und viele Glücksritter schrieben sich diese Parole auf ihre Fahnen, weil man damit „Ressourcen" – Geldmittel – für die eigene Forschung und Lehre gewinnen konnte. Das war nicht nur unredlich, sondern auch töricht, denn jedem Denkenden war klar, dass eine solche Polarisierung – „Lernziele" auf der einen, „Ergebnisse" auf der anderen Seite – unsinnig war. Denn jedes „Ergebnis" muss vorher „intendiert", d. h. als „Ziel" formuliert werden, sonst kann man es nicht erreichen – zumindest nicht bewusst und methodisch.

Standardbegriff

Ein dritter Grund der Reserviertheit gegenüber dem kompetenzorientierten Unterricht stellte der Gebrauch des Begriffes „Standard" und des „Standardisierten Unterrichts" dar. Ende der 90er Jahre führte das Max-Planck-Institut für Bildungsforschung Schulleistungsstudien durch, in denen es die Bewertungen von Schülerleistungen und ihre Vergleichbarkeit untersuchte. Es kam zu dem Ergebnis, dass „bei gleicher ‚objektiver' Leistungsfähigkeit, gemessen durch standardisierte Tests, [...] Schülerinnen und Schüler von Land zu Land, aber selbst von Schule zu Schule sehr unterschiedliche Noten" erhielten.[1] Daraus leitete es die Forderung ab, dass Standards zur gerechten Bewertung von Schülerleistungen nötig seien. Ein Standard stellt demzufolge ein Instrumentarium zur Bewertung von Schülerleistungen dar, das durch seine differenzierte Ausgestaltung die Objektivität der Bewertung verbessern und damit die Chancengerechtigkeit für die Schülerinnen und Schülern erhöhen sollte.

In diese Überlegungen platzten die negativen Ergebnisse der PISA-Studie hinein, die zusammen mit weiteren unerfreulichen Resultaten aus anderen Studien die deutschen Kultusminister zum Handeln zwangen. Sie übernahmen den Standard-Begriff und setzten ihn an die Stelle der alten Lernziele[2], ohne zu bedenken, dass damit ein völlig anderer Inhalt verbunden war. Ein Instrumentarium, das zur Messung von Ergebnissen gedacht war, wurde plötzlich zu einer Zielbeschreibung. Damit war eine begriffliche Unklarheit ersten Ranges entstanden, die auszuräumen die Didaktikerzunft versäumt hatte. An die Stelle der alten Lernziele traten nun also „Standards", über deren Inhalt und Bedeutung solange Unklarheit herrschte, bis deutlich wurde, dass zu dem Standardkonzept die Ausarbeitung von Kompetenzmodellen gehört. So konnte dem ursprünglich auf das Ergebnis ausgerichteten Standard eine Zielbeschreibung zugeordnet werden – die Kompetenz. Damit war der kompetenzorientierte Unterricht geboren, dessen Geburtsfehler den Blick auf die tatsächliche Qualität des Kindes möglicherweise getrübt haben.

Ein vierter Grund der Skepsis boten die Bildungspläne selbst, die die neue Qualität des kompetenzorientierten Unterrichts nicht ausreichend beschrieben hatten. Hier haben die Länder in unterschiedlichem Tempo Aufholarbeit geleistet. Daher unterscheiden sich im Augenblick ihre Bildungspläne sehr; einige benennen einfach grundlegende Kompetenzen, andere lassen schon ausgeprägte Züge eines Kompetenzstrukturmodells erkennen. Einige verknüpfen die Kompetenzen noch mit ausführlichen Inhaltsvorgaben, andere reduzieren weitgehend den Inhaltskanon zugunsten übergeordneter Kategorien und steuern damit stärker die Natur einer Kompetenz und des kompetenzorientierten Unterrichts an. Was aber noch durchgehend fehlt, ist die Vorlage eines Kompetenzmodells, das sowohl den Anforderungen eines Kompetenzstrukturmodells als auch denen eines Kompetenzentwicklungsmodells gerecht wird.

Und zuletzt mangelt es an einer überschaubaren Beschreibung der Gesamtdomäne „Geschichte", die es erlaubt, Nachhaltigkeit der Lernprozesse zu erzielen.

Begriffsverwirrung nach PISA

Unzulängliche Bildungspläne

Keine Nachhaltigkeit ermöglichende Beschreibung der Gesamtdomäne „Geschichte"

2 Kompetenzdefinitionen

2.1 Der Kompetenzbegriff von Franz E. Weinert

Die nahezu allen kompetenzorientierten Konzepten zugrunde liegende Definition von Kompetenz stammt von Franz E. Weinert: Kompetenz meint

Definition

> „die bei Individuen verfügbaren oder durch sie erlernbaren kognitiven Fähigkeiten und Fertigkeiten, um bestimmte Probleme zu lösen, sowie die damit verbundenen motivationalen, volitionalen und sozialen Bereitschaften und Fähigkeiten, um die Problemlösungen in variablen Situationen erfolgreich und verantwortungsvoll nutzen zu können".[3]

Problematik
der Definition

Diese Definition enthält unstrittige und problematische Elemente. Unstrittig sind die „kognitiven Fähigkeiten und Fertigkeiten"; sie bilden sozusagen den Kerngehalt des Begriffs Kompetenz. Man erlernt etwas, um es dann zu können. Im Erlernen ist das kognitive Element zweifellos enthalten. Fragen könnte man lediglich, ob es auch nicht-kognitive Fähigkeiten und Fertigkeiten gibt. Im sozialen und personalen Bereich könnte man sich derartiges vorstellen: Die Wärme, das Vertrauen, das jemand im Umgang mit anderen ausstrahlt, könnten solche Fähigkeiten sein, die man nur schwer erlernen kann. Dennoch dürften Erfahrung und Umgang mit anderen dazu beitragen, dass sich auch solche Fähigkeiten entwickeln. Ein kognitives Element dürfte also auch hier vorliegen. Diese Einsicht ist wichtig, damit man den Begriff des Kognitiven nicht zu eng fasst und ihn ausschließlich für intellektuelle Leistungen reserviert.

Kompetenz als
Problemlösefähigkeit

Eine weitere Eigenschaft, die Weinert der Kompetenz zuweist, ist die „Fähigkeit, Probleme zu lösen". Hans-Jürgen Pandel definiert Kompetenz geradezu durch dieses Merkmal, wenn er kurz und bündig schreibt: „Eine Kompetenz ist eine domänenspezifische Problemlösefähigkeit."[4] Gewiss bezeugt jemand, der ein Problem löst, in diesem Akt eine Kompetenz. Löst aber auch jemand ein Problem, der nur Geige spielt? Denn auch Geige-spielen-können ist ganz sicher eine Kompetenz. Auch diese muss erworben werden – und jeder, der das Geigenspiel erlernt, weiß, wie viel kognitive Arbeit investiert werden muss, bis man Geige spielen, nicht nur auf ihr herumkratzen kann. Auch hier kann man sehen, wie eine scheinbar unintellektuelle Tätigkeit aus einem kognitiven Prozess hervorgeht. Also darf auch die Problemlösefähigkeit nicht zu eng und zu intellektuell verstanden werden; dann wird klar, dass sie Teil der Kompetenzdefinition ist.

Problematisch scheint mir allerdings der weitere Teil der Definition zu sein: „die damit verbundenen motivationalen, volitionalen und sozialen Bereitschaften und Fähigkeiten, um die Problemlösungen in variablen Situationen erfolgreich und verantwortungsvoll nutzen zu können". Hier kommen weitere Elemente aus dem dispositionalen und psychischen Bereich dazu, die – schon aus praktischen Gründen – auf ihre Berechtigung befragt werden müssen. Denn wenn sie alle Bestandteil einer Kompetenz wären, müsste man sie immer alle anführen, wenn man eine Kompetenz beschreiben will. Das wäre zumindest sehr unpraktisch. Die Vertreter der FUER-Gruppe, die diese Definition übernommen haben, hängen diesen Zusatz fast schon formelhaft an ihre Kompetenzbeschreibungen an, ohne sich die Mühe zu machen, sie mit einem zu der jeweiligen Kompetenz gehörigen spezifischen Inhalt zu füllen. Das wäre aber notwendig, um die Kompetenz präzise beschreiben zu können.

Problem der motivationalen, volitionalen und sozialen Bereitschaften

Nehmen wir die strukturell einfache Kompetenz des Umgangs mit Bildern. Neben den sachlichen Fähigkeiten zur Bildbeschreibung, Bildanalyse, Bildinterpretation müssten dann immer noch Elemente angeführt werden wie „zeigt eine mäßig/durchschnittlich/hoch ausgeprägte Motivation", „hat einen schwachen/mittleren/starken Willen zu", „verhält sich abweisend/unbestimmt/offen gegenüber". Ergibt das einen vernünftigen Sinn? Wenn man eine andere Kompetenz, z. B. die Dekonstruktionskompetenz, nimmt, würde sich die Beschreibung der dispositionalen und sozialen Elemente ändern? Nur wenn man diese Frage bejahen könnte, wären diese Beschreibungen konstitutiver Bestandteil einer spezifischen Kompetenz. Ich sehe dazu keine Möglichkeit und frage mich daher, ob hier eine richtige Beobachtung nicht falsch zugeordnet worden ist.

Wenn man ein Problem lösen muss, dann ist es gewiss hilfreich, wenn man dazu auch motiviert ist und über entsprechende soziale Fähigkeiten verfügt. Aber sind sie deswegen auch Teil der Problemlösefähigkeit, der Kompetenz in der Sache?[5] Es mag jemand ein ausgewiesener Kenner der Geschichte des Ersten Weltkriegs sein. Ist er deswegen nicht oder auch nur weniger kompetent, wenn er keine Lust verspürt, mir die Ursachen des Krieges zu erläutern? Sicherlich nicht, d. h. die motivationalen, volitionalen usw. Elemente sind kein Bestandteil seiner Kompetenz in der Sache. Denn wenn er wollte, könnte er mir die Dinge erklären. Sie hängen also nicht mit der Sache, sondern mit der Person zusammen, die über diese Kompetenz verfügt. Sie sind Teil ihrer personalen oder sozialen Kompetenz, nicht aber ihrer Kompetenz in der Sache. Ganz offensichtlich wird dies, wenn man von der gegenteiligen Konstellation ausgeht. Der Betreffende zeigt sich ganz bemüht, mir die Ursachen des Ersten Weltkriegs zu erläutern. Es mangelt ihm dazu aber die Sachkompetenz. Dann wird man ihn trotz seines eifrigen Bemühens für inkompetent erklären müssen. Daraus folgt zweifelsfrei, dass die dispositionalen Elemente kein konstitutiver Bestandteil der Kompetenz in der Sache sind.

Motivationale, volitionale und soziale Bereitschaften als Elemente der personalen Kompetenz

Unberührt davon bleibt selbstverständlich die Tatsache, dass zum Erwerb einer Kompetenz solche Bereitschaften notwendig sind. Das aber betrifft den lernpsychologischen Aspekt des Erwerbs der Kompetenz, nicht ihren Inhalt, um den es aber allein geht, wenn man von Kompetenz spricht.

Wir übernehmen also von Weinert für unsere Kompetenzdefinition die Problemlösefähigkeit mit den dazugehörigen kognitiven Fähigkeiten und Fertigkeiten, nicht aber den dispositionalen, psychischen und sozialen Anteil. Ihn ordnen wir einer personalen oder sozialen Kompetenz zu, nicht aber schlechthin jeder Kompetenz.

2.2 Der Kompetenzbegriff von Eckart Klieme

Kompetenzbeschreibung durch Domänen, Unterdomänen und intelligentem Wissen

Klieme benutzt den Begriff Kompetenz im Rahmen des übergreifenden Konzepts der Bildungsstandards, in dem die Kompetenzorientierung das zentrale Element darstellt. Er beschreibt eine Kompetenz mit der Begrifflichkeit der Lernpsychologie bzw. Lerntheorie. Danach sind einer Kompetenz Domänen zugeordnet, Bereiche also, auf die sich die Kompetenz erstreckt.[6] Kompetenzen sind demnach domänenspezifisch; das bedeutet, dass sie nicht isoliert, an sich, existieren, sondern immer einem Bereich zugeordnet werden müssen, für den sie gelten. Das ist für die Beschreibung einer Kompetenz wesentlich; denn danach bildet die Domäne einen konstitutiven Teil der Kompetenz und der Kompetenzbeschreibung. Domänen können Unterdomänen umfassen, die ihrerseits Teil der Kompetenz und ihrer Beschreibung werden. Entscheidend ist hier der Aufbau der Kompetenz aus ursprünglichem Wissen, das aus einer kompetenzangemessenen Beschreibung der Domäne hervorgehen muss. Kompetenzangemessen meint hier, dass die Beschreibung so sein muss, dass aus dem zu beschreibenden Wissen „intelligentes Wissen" werden kann. Daher stimmt Klieme Weinert zu, dass „der Erwerb von Kompetenzen [...] beim systematischen Aufbau von ‚intelligentem Wissen' in einer Domäne beginnen" muss.[7] In der Beschreibung der Domäne liegt also der Ausgangspunkt für die notwendige Umwandlung von Wissen in Können – der Ausgangspunkt, nicht die hinreichende Bedingung.

Innere Gliederung der Kompetenz durch Niveaustufen

Des Weiteren unterscheidet Klieme in Einklang mit der Lerntheorie innerhalb eines Lernbereichs und damit auch innerhalb einer Kompetenz sog. Niveaustufen. Eine Kompetenz verfügt also über eine innere Gliederung, die den Grad zum Ausdruck bringt, in dem ein Bereich beherrscht wird bzw. beherrscht werden kann. Diese Grade oder Niveaustufen müssen definiert werden. Dies ist eine nicht unerhebliche Arbeit, die in den vorliegenden Kompetenzmodellen noch nicht abschließend geleistet worden ist.

Anforderungsbereiche des Abiturs als Niveaustufendefinition

Hier stellt sich die Frage, inwieweit für die Kompetenzdefinierung im schulischen Bereich die für die Abiturprüfung länderübergreifend definierten Anforderungsbereiche mit den entsprechenden Operatoren zur Bestimmung von Niveaustufen herangezogen werden können. Das Land Niedersachsen hat seinem Bildungsplan einen Basisoperatorenkatalog beigegeben, in dem diese Anforderungsbereiche mit den entsprechenden Operatoren definiert worden sind, und benutzt sie zur Definierung der Niveaustufen. Auch Hans-Jürgen Pandel tendiert zu dieser Lösung – vorläufig zumindest, bis entsprechende lerntheoretische Untersuchungen bessere Wege eröffnen. Dies ist nicht nur eine pragmatische und praktische Lösung des Problems, sondern bindet auch die jetzige Abiturprüfung unkompliziert in das Konzept der Kompetenzorientierung ein. Die Praxis wird dann zeigen, ob und wieweit Modifikationen der Anforderungsbereiche und der Operatoren nötig werden. Zumindest für die Operatoren ist dies mit hoher Wahrscheinlichkeit zu erwarten. Hier wäre also eine gewisse Öffnung des Operatorenkatalogs notwendig.

> „Ein Kompetenzmodell beschreibt den Kern des Wissens und Könnens in einer ‚Domäne', das im Idealfall kumulativ, in sinnvollen Lernschritten aufgebaut wird" ... „Standards sollten dazu beitragen, hinter den vielen detaillierten Lernzielen der Fächer deren Kernbegriffe und Leitideen zu betonen."[8]

Kumulativer Aufbau einer Kompetenz

Damit nennt Klieme zwei weitere Punkte, die für die Kompetenzorientierung sowie die Beschreibung und den Erwerb der Kompetenzen von zentraler Bedeutung sind. Der eine verlangt eine weitere didaktische Reduktion der Inhalte auf Kernbegriffe und Leitideen; diese Kernbegriffe und Leitideen sollen in einem Kompetenzmodell beschrieben werden. Umgekehrt bedeutet dies ebenso, dass auch die Kompetenz mit Hilfe dieser Kernbegriffe und Leitideen beschrieben werden muss. Dieser Punkt verdient besondere Aufmerksamkeit, da besonders von ihm Erfolg oder Scheitern des Konzepts der Kompetenzorientierung abhängen könnten. Wir werden auf diesen Punkt in Kapitel 6.2 ausführlich eingehen.

Reduktion auf Kern- und Leitideen

Der zweite Punkt betrifft den sukzessiven Aufbau der Kompetenz, der ebenfalls in einem Kompetenzmodell beschrieben werden muss. Damit wird ein Kompetenzentwicklungsmodell gefordert, das für das Fach „Geschichte" bislang noch von keinem Kompetenztheoretiker vorgelegt wurde. Es verbirgt sich ansatzweise und implizit in den Progressionen der Kompetenzbeschreibungen für die entsprechenden Jahrgangsstufen. Aber systematisch und methodisch handhabbar entwickelt wurde es noch nicht.

Notwendigkeit eines Kompetenzentwicklungs- und eines Kompetenzstrukturmodells

Für den Unterricht ist beides notwendig: ein Kompetenzstrukturmodell, das Inhalt, Reichweite und Zusammenspiel der Kompetenzen beschreibt, sowie ein Kompetenzentwicklungsmodell, das die Schritte zum Erwerb der Kompetenz benennt.

2.3 Der Kompetenzbegriff von Hans-Jürgen Pandel

Hans-Jürgen Pandels Begriff von Kompetenz deckt sich mit den Beschreibungen von Weinert und Klieme. Dennoch verdient er eine eigene Erwähnung, weil er auf zentrale Problempunkte im Umgang mit dem Kompetenzbegriff hinweist. Zum einen macht Pandel auf die ungesicherte Natur des Kompetenzbegriffs in der Fachdidaktik und einem damit verbundenen problematischen Gebrauch dieses Begriffs aufmerksam:

Problematischer Gebrauch des Kompetenzbegriffs

„Bei der Durchsicht von Lehrplänen und didaktischer Literatur fällt auf, dass er faktisch an jedes Substantiv angehängt wird, und schon hat man eine Kompetenz geschaffen. In den Lehrplänen sind die fachunspezifischen berufspädagogischen Begriffe von Sach-, Methoden und Urteilskompetenz beliebt. Manche Lehrpläne für den Geschichtsunterricht führen auch noch eine kuriose Selbstkompetenz auf. In der Geschichtsdidaktik finden sich Fragekompetenz, Methodenkompetenz, Sachkompetenz, Präsentationskompetenz oder Orientierungskompetenz. Damit nicht genug, denn das geschichtsdidaktische Warenhaus der Kompetenzen hat mehr im Angebot: emanzipatorische Kompetenz, emotive Kompetenz, ästhetische Kompetenz, kreative Kompetenz, sprachliche Kompetenz, Projektionskompetenz, logisch-logistische Kompetenz, kritische Kompetenz, historische Kompetenz und Auxiliarkompetenz (sic!). Da fühlt man sich an den Gießener Philosophen Odo Marquard erinnert, der den Begriff der ‚Inkompetenzkompensationskompetenz' prägte."[9]

Kompetenzorientierung verlangt begriffliche Klarheit

Solche Auswüchse wird es nicht geben, wenn man angehalten ist, den Inhalt einer Kompetenz präzise zu fassen und zu beschreiben. Kompetenzorientierung muss sich durch begriffliche Präzision und Klarheit auszeichnen, mit denen sie ihre Ziele beschreibt.

Fachspezifik und generatives Vermögen der Kompetenz

Wie Klieme[10] verlangt Pandel, dass eine Kompetenz fachspezifisch sein und ebenso beschrieben werden muss. Und er betont das kreative Vermögen, das einer Kompetenz eigen ist:

„Gegenüber repetitiven Fähigkeiten handelt es sich bei einer Kompetenz um ein generatives (d. h. kreatives) Vermögen. Es besteht aus einem Regelwissen, das jemanden in die Lage versetzt, in einem Bereich – in einer Domäne, [...] stets neue kognitive Leistungen hervorzubringen und neue kulturelle Objektivationen zu verstehen. Kurz: Eine Kompetenz ist eine domänenspezifische Problemlösungsfähigkeit. [...] Für Geschichte bedeutet das, solche Verknüpfungen zwischen historischem Wissen und dem gegenwärtigen kommunikativen Gedächtnis herzustellen, die so noch nie vorgenommen wurden. [...] Kompetenz lässt sich am Schachspiel erläutern. Man kann dessen Regeln lernen und auch Erfahrungen im Spielen sammeln, aber dennoch jede Partie verlieren. Obwohl man die Regeln gelernt hat, sind die Konstellationen jedes einzelnen Spiels ständig neu und erfordern deshalb stets neue kreative Lösungen. Die Regeln des Schachspiels entsprechen denjenigen Regeln, die Schülerinnen und Schüler in der Methodenorientierung erworben haben. Es sind aber noch keine Kompetenzen. Erst wenn man in der Lage ist, auf jede neue Spielsituation eine kreative Lösung zu finden, ist man ein kompetenter Schachspieler."[11]

Methodenwissen ist noch keine Kompetenz

Hier führt Pandel die Problemlösefähigkeit weiter aus; sie besteht in der kreativen Zusammenführung von Wissen und Können auf einen bestimmten Problempunkt hin, den es zu lösen gilt. Diese Zusammenführung ist in der Art ihrer Durchführung prinzipiell offen; sie ist lediglich durch das Problem bestimmt, das es zu lösen gilt.

Damit stehen wir vor der weiteren Aufgabe, nicht nur die schon genannten Elemente einer Kompetenz beschreiben zu müssen, sondern auch deutlich zu machen, dass es sich dabei um ein kreatives Vermögen handelt. Wie beschreibt man ein kreatives Vermögen, das sich schon durch seinen Wortsinn einer Beschreibung zu entziehen scheint? Man kann dies nur durch die Beschreibung konkreter Inhalte der Kompetenz tun, muss aber dabei immer mitdenken und mitbedenken, dass diese Beschreibungen immer Verweischarakter haben; sie verweisen auf dieses Vermögen, das als solches sich einer Beschreibung durch seine eigene Natur entzieht. Das hat bereits Chomsky durch seine Unterscheidung von Kompetenz und Performanz klargestellt. Dies gilt es bei allen Kompetenzbeschreibungen zu beachten, damit man solche Beschreibungen richtig liest. Nicht die wörtlichen Beschreibungen machen also die Kompetenz aus, sondern das dahinter liegende Potenzial, auf das die Beschreibungen verweisen. Hier liegt eine Ähnlichkeit mit der Natur eines Begriffs vor, der ebenfalls nicht in seinen konkreten Realisationen aufgeht, sondern ein allgemeines Vermögen beschreibt. Der Begriff „Tisch" enthält eine unbegrenzte Anzahl von Realisierungen in konkreten Tischen, die „rund", „eckig", „groß", „klein", „vierbeinig" usw. sein können. Ähnlich verhält es sich mit dem Vermögen einer Kompetenz, das sich in unbegrenzten Möglichkeiten von Problemsituationen realisieren kann, wie es Pandel am Beispiel des Schachspiels anschaulich beschrieben hat.

Das Konzept der Bildungsstandards verlangt die Entwicklung von solchen Kompetenzen, nicht das Aufstellen von inhaltlichen Vorgaben. Das scheint eine Selbstverständlichkeit zu sein; der Blick in die Bildungspläne lehrt aber, dass dies keineswegs so ist. Auf diesem Felde muss man das konventionelle Denken überwinden, das von konkreten Inhalten auch dann nicht loskommt, wenn es bewusst kompetenzorientiert sein will. Daher sei Pandels Diktum ausdrücklich hervorgehoben: „Bildungsstandards sind nur als Kompetenzen denkbar, wenn man nicht einen fest umrissenen Kanon von Abfragewissen schaffen will."[12]

Kompetenz als kreatives Vermögen

Kompetenz und Performanz

„Bildungsstandards sind nur als Kompetenzen denkbar"

3 Das Strukturgitter als Beschreibungsform einer Kompetenz

3.1 Das Problem der Beschreibung einer Kompetenz

Die Kompetenz als komplexe Fähigkeit verlangt eine komplexe Beschreibung

Eine Kompetenz ist eine komplexe Fähigkeit und verlangt daher im Unterschied zu einem Lernziel eine komplexe Beschreibung. Ein Lernziel wird durch den Zielpunkt, zu dem es hinführen soll, bestimmt. Dazu kann ein einfacher Satz genügen: z. B. „Die Schülerinnen und Schüler erkennen die Folgen des Scheiterns der Revolution von 1848". Das ist zwar eine komplexe Aufgabe, die Zielbeschreibung aber erfolgt punktuell. Beim kompetenzorientierten Unterricht geht es nicht um das Erreichen eines solches Zieles, sondern um den Erwerb einer Kompetenz. Die Zielbeschreibung muss also die Kompetenz zum Inhalt haben, nicht einen historischen Sachverhalt oder ein Problem. Bei dem genannten Beispiel muss man sich also fragen, welche Kompetenz sich in dieser Aufgabenstellung verbirgt. In manchen kompetenzorientierten Modellen liest sich dieser Satz so: „Die Schülerinnen und Schüler können die Folgen des Scheiterns der Revolution von 1848 darstellen." Mit „können darstellen" könnte eine narrative Kompetenz intendiert sein; es könnte sich aber auch um eine Orientierungskompetenz handeln, bei der die Schülerinnen und Schüler einen besonderen Charakter ihrer eigenen Geschichte verstehen sollen. Das ist aus der Formulierung „können" nicht klar ersichtlich, d. h. sie ist in diesem Falle unzureichend, da nicht die Kompetenz, sondern nur ein Anwendungsbeispiel formuliert wird, in dem sie sich zeigt bzw. verborgen ist.

Darstellbarkeit einer Kompetenz an einem einfachen Beispiel

Der Einfachheit halber verfolgen wir die Frage der Darstellbarkeit einer Kompetenz zunächst nicht an einer inhaltlichen, sondern an einer methodischen Kompetenz. Nehmen wir das Beispiel der Kartenarbeit. Die Kompetenz ließe sich in einer ersten und allgemeinen Formulierung als „sachgerechten Umgang mit Karten" beschreiben. Gehen wir in Anlehnung an die Anforderungsbereiche des Basisoperatorenkatalogs von drei Niveauebenen aus, dann wäre die erste Niveaustufe, das Niveau A, der Bereich der Reproduktion. Die Kompetenz auf der Stufe der Reproduktion könnte dann folgendermaßen beschrieben werden: „Eine Karte lesen können". Das beinhaltet z. B. das Verstehen der Legende, die Bestimmung dessen, worüber die Karte Aussagen macht, und die Wiedergabe dieser Aussagen auf der Inhaltsebene. Bei einer Karte zum Nil würde die Niveaustufe A also beinhalten, dass die Schülerinnen und Schüler erkennen, dass es sich um eine geographische Karte handelt, dass der

Niveaustufe A: Reproduktion

Nil das Land von Süden nach Norden durchzieht und dass sich die fruchtbaren Gebiete ausschließlich an den beiden Ufern des Flusses befinden.

Die Niveaustufe B – nach dem Basisoperatorenkatalog die Stufe der Reorganisation und des Transfers – könnte man so formulieren, dass die Schülerinnen und Schüler ein Problembewusstsein für die Inhalte und die Darstellungsform der Karte entwickeln. Damit würde man der Kompetenzorientierung etwas besser gerecht als durch die Begriffe Reorganisation und Transfer, insofern durch diese Formulierung die Problemorientierung des kompetenzorientierten Unterrichts unterstrichen und bewusst angestrebt wird. Die Schülerinnen und Schüler müssten also z. B. die Frage aufwerfen, was diese geographische Situation für das Leben der Menschen bedeutet. Hier wären die Chancen und Herausforderungen zu erkennen und zu benennen, die das Leben am Fluss mit sich bringt. Bezüglich der Darstellungsform könnte z. B. die Frage aufgeworfen werden, ob die Karte hinreichend Informationen bietet, um diese inhaltliche Frage allein mit Hilfe der Karte zu beantworten.

Niveaustufe B: Problembewusstsein

Die Niveaustufe C – Reflexion und Problemlösung – würde ein Gesamtverständnis der Aussage der Karte beinhalten, ein Verstehen der Bedeutung des Raumes auf der inhaltlichen sowie die Fähigkeit der Beurteilung der Qualität der Karte auf der methodischen Ebene. Hier wäre die berühmte Herodot'sche Frage angesiedelt, ob Ägypten ein „Geschenk des Nils" sei.

Niveaustufe C: Inhaltliches und methodisches Gesamtverständnis

Als weitere Komponente wäre die Domäne anzugeben, das Gebiet also, auf das sich die Kompetenz erstreckt. Hier könnte man die „geographische Karte", die „Geschichtskarte" und die „historische Karte" anführen. Fasst man diese Elemente zusammen, dann ergibt sich eine graphische Darstellung, die man als eine schematische Beschreibung der Struktur der Kompetenz betrachten kann. Für ein solches Modell wäre die Bezeichnung „Kompetenzstrukturmodell" angebracht, die allerdings durch die FUER-Gruppe schon mit einer anderen Konnotation belegt ist, die es davon zu unterscheiden gilt. Daher möchte ich diese Form der Beschreibung als Kompetenzstrukturgitter bezeichnen (Vgl. folgende Seite).

Kompetenzstrukturgitter als Form der Kompetenzbeschreibung

Der Operator richtet sich auf ein bestimmtes Ziel, auf eine konkrete Problemsituation. Mit dieser Zielausrichtung erreicht die Kompetenz die Ebene der konkreten Anwendung im Detail der Wirklichkeit; sie tritt hier – um mit Chomsky zu sprechen – in die Ebene der Performanz. Damit verliert sie aber eine ihrer zentralen Eigenschaften als Kompetenz, nämlich den Charakter der Allgemeinheit – analog der Allgemeinheit eines Begriffs. Diese Allgemeinheit spiegelt sich auf der Ebene der Performanz in Gestalt von endlosen und prinzipiell nicht vollständig erfassbaren Verwirklichungen der Kompetenz. Die Kompetenz bezieht sich auf eine konkrete Einzelheit; sie wird auf einen bestimmten Punkt fixiert. In der Sprache der Didaktik bedeutet dies: Mit der Ausrichtung der Kompetenz auf ein konkretes und bestimmtes Ziel wird aus der Kompetenzbeschreibung wiederum eine Lernzielbeschreibung. Würde die Kompetenz also nur auf der Ebene der Performanz beschrieben, wäre die Idee der Kompetenzorientierung verloren und der kompetenzorientierte Unterricht wieder auf die Stufe der Lernzielorientierung zurückgefallen.

Operator und Performanz machen aus Kompetenzen Lernziele

Kompetenzstrukturgitter
„Kartenarbeit"

Kompetenzstrukturgitter „Kartenarbeit": Die Schülerinnen und Schüler beherrschen den Umgang mit Karten	
Domäne	Niveaustufen
• geographische Karten • Geschichtskarten • historische Karten	**(a) Reproduktion** eine Karte lesen können **(b) Problembewusstsein** ein Problembewusstsein für Inhalt und Darstellungsform der Karte entwickeln **(c) Problemlösung** Verstehen der Bedeutung des Raumes und der Darstellungsform der Karte (Kartenkritik)

Die Niveaustufen können weiter in Teildimensionen untergliedert werden, die durch die Operatoren beschrieben werden.

Kompetenzstrukturgitter „Kartenarbeit": Die Schülerinnen und Schüler beherrschen den Umgang mit Karten	
Niveaustufen	Operatoren
(a) Reproduktion eine Karte lesen können **(b) Problembewusstsein** ein Problembewusstsein für Inhalt und Darstellungsform der Karte entwickeln **(c) Problemlösung** Verstehen der Bedeutung des Raumes und der Darstellungsform der Karte (Kartenkritik)	**(a) Reproduktion** · nennen des thematischen Feldes · lesen der Legende usw. **(b) Problembewusstsein** · erkennen/darstellen der Besonderheit einer räumlichen Gegebenheit (z. B. Meerenge, Zugang, Mittellage) **(c) Problemlösung** · Verständnis der Bedeutung der Lage von Gibraltar für England · Verständnis der Außenpolitik des deutschen Kaiserreichs im Hinblick auf die geographische Mittellage Deutschlands

Operatoren
zur Kompetenzbe-
schreibung ungeeignet

Formal gesprochen bedeutet dies, dass die Ebene der Operatoren nicht geeignet ist, eine Kompetenz zu beschreiben, da die Kompetenzbeschreibung zu speziell und kontingent wird und in eine Lernzielbeschreibung übergeht; Kompetenz- und Lernzielorientierung wären in dieser Beschreibung nicht mehr zu unterscheiden. Die Kolleginnen und Kollegen an den Schulen hätten gegenüber einer solchen Beschreibung mit ihrer Klage recht, dass hier kein Unterschied zum bisherigen lernzielorientierten Unterricht zu erkennen sei. Das gilt es zu verstehen, da dadurch klar wird, warum man eine Kompetenz nicht auf der Ebene der Performanz beschreiben darf, wie dies im anfangs angeführten Beispiel des Scheiterns der Revolution von 1848 geschehen ist.

Zur Beschreibung einer Kompetenz im strengen Sinne des Wortes, d. h. im Unterschied zur Performanz, reicht also die Beschreibung der Domäne und der dazugehörigen Niveaustufen aus, wobei diese Beschreibungen ähnlich wie Begriffsbeschreibungen wegen der notwendigen Allgemeinheit der Kompetenz nur hinweisenden Charakter haben können; daran sei zur Vermeidung von Missverständnissen nochmals nachdrücklich erinnert. Dies gilt noch mehr für die Operatoren, die immer nur beispielhaft sind und daher die Kompetenz nie in ihrer Ganzheit repräsentieren können.

Die Vorteile unserer schematischen Beschreibung der Kompetenz in Gestalt des Strukturgitters seien hier kurz zusammengefasst:

Die Beschreibung der Kompetenz

- umfasst Domänen, Niveaustufen und Operatoren
- ist hinreichend konkret, so dass die Kompetenz klar beschrieben werden kann
- ist hinreichend allgemein, so dass sie sich vom Einzelfall unterscheidet, d. h. ihren Begriffscharakter wahrt
- ist hinreichend offen, so dass sowohl die Domäne erweitert wie auch die Niveaustufen variabel formuliert werden können
- ist domänenbezogen, so dass die Problemlösungen sowohl zielgerichtet als auch zielspezifisch sind
- zeigt in den Operatoren den Übergang von der Kompetenz zur Performanz, d. h. den Übergang von der Kompetenz- in die Lernzielebene

Vorzüge der Kompetenzbeschreibung in Form von Strukturgittern

3.2 Zwei weitere Beispiele der Beschreibung methodischer Kompetenzen mit Hilfe des Kompetenzstrukturgitters: Bild- und Textarbeit

Wegen der Bedeutung dieser Kompetenzen für den Geschichtsunterricht seien noch die Strukturgitter für die Bild- und für die Textarbeit entwickelt. Analog können weitere methodische Kompetenzen ohne größere Schwierigkeiten selbst entworfen werden.

Die genannten methodischen Kompetenzen stellen allesamt Ausprägungen einer übergeordneten Kompetenz dar, die Hans-Jürgen Pandel als „Gattungskompetenz" bezeichnet und beschrieben hat.[13] Auf die einschlägigen Kategorien der narrativistischen Geschichtstheorie wie z. B. die „empirische", „normative" oder „narrative Triftigkeit" verzichte ich bewusst, da sie zu eng an die Voraussetzungen dieser Geschichtstheorie gebunden sind, die man nicht uneingeschränkt teilen muss.

Kompetenzstrukturgitter „Bildarbeit"

Kompetenzstrukturgitter „Bildarbeit": Schülerinnen und Schüler beherrschen den Umgang mit Bildern		
Domäne	**Niveaustufen**	**Operatoren**
• Gemälde • Historienbild • Karikatur • Foto • Plakat • Graphik • Schaubild • Statistik usw.	**(a) Reproduktion** ein Bild beschreiben können **(b) Problembewusstsein** ein Problembewusstsein für Inhalte und Darstellungsform des Bildes entwickeln (Gattungskompetenz, Komposition, Auffälligkeiten) **(c) Problemlösung** Verstehen der Bedeutung des Bildes, Fähigkeit zur Bildkritik	**(a) Reproduktion** · Beschreibung der Bildebenen · Einordnung des Bildes in die Domäne **(b) Problembewusstsein** · erkennen/darstellen der Besonderheit der bildlichen Darstellung (Perspektive des Dargestellten/des Betrachters usw.) **(c) Problemlösung** · Verständnis des Bildes: Beurteilung/Kritik (z. B. Ludwig XIV. als Repräsentant des Absolutismus, ein Bild Leonardos als Beispiel für das neue Weltbild der Renaissance)

Kompetenzstrukturgitter „Historisches Textverständnis"

Kompetenzstrukturgitter „Historisches Textverständnis": Schülerinnen und Schüler beherrschen den Umgang mit historischen Texten		
Domäne	**Niveaustufen**	**Operatoren**
• Inschriften • Gesetze • Verträge • Akten • Berichte • Chroniken • Geschichtsschreibung • Zeitungen • Flugschriften • Tagebücher • Briefe • historische Romane usw.	**(a) Reproduktion** inhaltliches (literarisches) Verständnis **(b) Problembewusstsein** ein Problembewusstsein für Inhalte und Darstellungsform des Textes entwickeln (Gattungskompetenz, Perspektive, Auffälligkeiten usw.) **(c) Problemlösung** Verstehen der Bedeutung des Textes Fähigkeit zur Textkritik	**(a) Reproduktion** · Inhalte wiedergeben · Text gliedern usw. **(b) Problembewusstsein** · Aussagewert bestimmen · Problemgehalt erfassen · Standortgebundenheit erkennen usw. **(c) Problemlösung** · inhaltliche und formale Qualität des Textes beurteilen · dekonstruieren eines Textes

Der Vorzug dieser Art der Kompetenzbeschreibung liegt nicht nur in der schon erwähnten Übersichtlichkeit usw., sondern auch in der strukturellen Ähnlichkeit der Beschreibungen. Dies ist ein gewichtiges lerntheoretisches Argument für den Erwerb dieser Kompetenzen.

4 Ein Blick in die Bildungspläne der Länder unter dem Gesichtspunkt der Kompetenzbeschreibung

Stand der Bundesländer hinsichtlich der Kompetenzorientierung

Wenngleich wir bisher nur vergleichsweise einfache methodische Kompetenzen ins Auge gefasst haben, sind wir durch die Überlegungen zur Strukturierung der Kompetenzbeschreibung in Domänen und Niveaustufen und der Unterscheidung von Kompetenz und Performanz doch in der Lage, die Qualität der Kompetenzbeschreibungen der Bildungspläne zu erkennen. Wir betrachten wenige ausgewählte Beispiele aus den Bildungsplänen unter den Gesichtspunkten, wie konkret und wie differenziert eine Kompetenz dargestellt wird und ob und wieweit die angestrebten Kompetenzen auf der Kompetenz- oder auf der Performanzebene beschrieben werden, d. h. ob diese Beschreibungen tatsächlich kompetenz- oder noch lernzielorientiert sind. Bislang haben nur wenige Länder den Standard einer kompetenzorientierten Beschreibung für ihre Bildungspläne erreicht; es sind dies vor allem Berlin, Brandenburg, Bremen, Hamburg und Niedersachsen. Andere Bildungspläne wie die der Länder Baden-Württemberg, Schleswig-Holstein und Thüringen enthalten zwar kompetenzorientierte Hinweise; es liegen ihnen aber noch keine expliziten Kompetenzmodelle zugrunde. Die Bildungspläne der übrigen Länder sind noch überwiegend lernziel-, manche sogar nur stofforientiert.[14]

Die Länder Berlin, Brandenburg, Bremen und Hamburg orientieren sich am FUER-Modell, Niedersachen lehnt sich an das Modell des Verbands der Geschichtslehrer Deutschlands an. Die Bildungspläne, die sich am FUER-Modell orientieren, ähneln sich naturgemäß natürlich sehr stark, so dass ich mich auf zwei Konzepte als Repräsentanten des FUER-Kompetenzmodells – nämlich auf die Lehrpläne der Länder Berlin und Hamburg – und auf Niedersachsen als ein Beispiel der Umsetzung des Kompetenzmodells des Verbands der Geschichtslehrer Deutschlands beschränke. Auf diese Kompetenzmodelle kommen wir in Kapitel 5.3 zu sprechen; jetzt soll es nur um die Frage der Kompetenzbeschreibung gehen.

4.1 Die Kompetenzbeschreibung im Hamburger Rahmenplan

Hamburger Rahmenplan für die gymnasiale Oberstufe

Ich möchte mit einer Besprechung des Hamburger Rahmenplans für die gymnasiale Oberstufe beginnen, da er die von uns gestellten Anforderungen an eine Kompetenzbeschreibung in fast idealer Weise erfüllt. Der Lehrplan für die Sekundarstufe I hat die Idee der Kompetenzorientierung noch nicht aufgenommen; er ist noch lernzielorientiert.

In Anlehnung, aber nicht in Übernahme des FUER-Modells strebt der Hamburger Rahmenplan für die gymnasiale Oberstufe drei grundlegende Kompetenzen an: eine Orientierungskompetenz, eine Methoden- und eine Urteilskompetenz. Er möchte diese Kompetenzen fachspezifisch verstanden wissen und definiert sie folgendermaßen:

Drei Kompetenzen

> „Unter Orientierungskompetenz wird die Fähigkeit, Fertigkeit und Bereitschaft verstanden, sich sowohl innerhalb der Geschichte und ihrer Wissens- und Fragebestände zu orientieren als auch Orientierung aus der Geschichte zu gewinnen.
>
> Mit Methodenkompetenz ist in einem domänenspezifischen Verständnis des Begriffs vor allem die Fähigkeit, Fertigkeit und Bereitschaft gemeint, historische Prozesse und Strukturen aus den Quellen zu rekonstruieren sowie bereits vorliegende Darstellungen dieser Prozesse und Strukturen zu dekonstruieren.
>
> Urteilskompetenz schließlich umfasst die Fähigkeit, Fertigkeit und Bereitschaft, über Vergangenes begründete und triftige Sachurteile sowie reflektierte Werturteile zu fällen."[15]

Die Anlehnung an das FUER-Modell wird darin deutlich, dass auch die affektive Bereitschaft als Teil der Kompetenz verstanden und der Begriff der Triftigkeit verwendet wird, der der narrativistischen Geschichtstheorie entstammt, die dem FUER-Modell zugrunde liegt.

Orientierungskompetenz

Die Orientierungskompetenz soll den Schülerinnen und Schülern ermöglichen, sich einmal innerhalb der Geschichte orientieren zu können wie auch selbst durch die Geschichte Orientierung zu erhalten. Für die

> „Orientierung in der Geschichte" sollen die Schülerinnen und Schüler „Epochen (Altertum Mittelalter, Neuzeit) und Bereiche (Kultur/Gesellschaft, Politik, Wirtschaft) als gedankliche Ordnungsmuster erkennen und für die Darstellung historischer Phänomene und Verläufe nutzen", „zentrale Ereignisse, prägende Strukturen und spezifische Lebensformen aus der Vergangenheit benennen und historisch einordnen" und „elementare historische Phänomene, wesentliche Zusammenhänge und grundlegende Entwicklungen beschreiben" können.[16]

Durch die „Orientierung durch Geschichte" sollen ein Gegenwartsbezug hergestellt, vor allem aber ein Selbst- und Weltverständnis ermöglicht werden. Hinsichtlich des Gegenwartsbezugs sollen die Schülerinnen und Schüler „entstehungs-, entwicklungs- sowie wirkungsgeschichtliche Verknüpfungen zwischen Vergangenheit und Gegenwart beschreiben" und „aus der Gegenwart Fragen an die Vergangenheit sowie umgekehrt aus historischer Perspektive Fragen an die eigene Gegenwart stellen" können. Bezüglich des Selbst- und Weltverständnisses sollen sie „die diskursiven Angebote des Geschichtsunterrichts und anderer Vermittlungsformen von Geschichte zur Selbst- und Weltdeutung heranziehen"[17] können.

Die Beschreibungen bleiben durchgehend auf der Ebene der Kompetenz, gleiten nicht in die Performanzebene ab; d. h. sie wahren die notwendige Allgemeinheit und lassen damit den Lehrerinnen und Lehrern wie auch den Schülerinnen und Schülern den notwendigen Freiraum, die Inhalte zur sachlichen Füllung der Kompetenz selbst zu suchen. Der Weg zu den Inhalten geht also von der jeweiligen Kompetenz, nicht von einem traditionellen Vorverständnis von Geschichte aus. Zum anderen sind die Beschreibungen hinreichend konkret, um als fachspezifisch gelten zu können.

Für diese Kompetenzen werden dann entsprechende Niveaus angegeben. Der Hamburger Rahmenplan unterscheidet ein „grundlegendes" und ein „erhöhtes Niveau":

Zwei Niveaustufen

grundlegendes Niveau	erhöhtes Niveau
„Die Schülerinnen und Schüler können • für jede der vier verbindlichen Epochen typische Strukturen und Probleme benennen, • Phänomene aus den vier Epochen thematisch den vier Themenbereichen zuordnen und erläutern.	Die Schülerinnen und Schüler können • für jede der vier verbindlichen Epochen typische Strukturen und Probleme benennen und dabei die Problematik von Epochenbegriff und -einteilung erläutern, • Phänomene aus den vier Epochen thematisch den vier Themenbereichen zuordnen und erläutern und für jeden Themenbereich Phänomene aus verschiedenen Epochen miteinander vergleichen."[18]

Auch hier bleiben die Beschreibungen auf der Allgemeinheitsebene der Kompetenz; lediglich bei der Formulierung des erhöhten Niveaus geht die Beschreibung in die Performanzebene über, indem eine ganz konkrete Aufgabe avisiert wird, nämlich die Erläuterung der Problematik des Epochenbegriffs.

Durch die Ausweisung von vier Themenbereichen wird ein Domänenbezug hergestellt und konkretisiert:

Vier Domänen als Themenbereiche

- Macht und Herrschaft in der europäischen Geschichte
- Modernisierung in Wirtschaft und Gesellschaft
- Staat und Nation in der deutschen Geschichte des 19. und 20. Jahrhunderts
- Lebenswelten und Weltbilder in verschiedenen Kulturen[19]

Damit finden wir die Elemente wieder, die wir zur Beschreibung einer Kompetenz für notwendig hielten: Die inhaltliche Formulierung der Kompetenz, eine Domänenbeschreibung und eine Angabe der Niveaustufen. Durch diese Beschreibung wird die Kompetenz innerlich strukturiert, hinreichend konkret, bleibt aber dennoch allgemein.

Die weitere Präzisierung der Domäne findet in der Konkretisierung auf der Operatorenebene statt; auf dieser Ebene geht die Kompetenzbeschreibung zu Recht in die Performanzebene über und der kompetenzorientierte Unterricht strebt wieder konkrete Lernziele an. Aber auch hier wahrt der Hamburger Rahmenplan weitgehend die Allgemeinheit, die der Kompetenzbeschreibung eigen sein muss. Beim Themenbereich „Macht und Herrschaft in der europäischen Geschichte" sieht diese Konkretisierung folgendermaßen aus:

Domäne
„Macht und Herrschaft"
mit Niveaustufen
und Operatoren

Die Schülerinnen und Schüler können im Themenbereich „Macht und Herrschaft in der europäischen Geschichte"	
grundlegendes Niveau	erhöhtes Niveau
• „an Beispielen Macht und Herrschaft von einander abgrenzen und definieren,	• an Beispielen Macht und Herrschaft von einander abgrenzen und unter Heranziehung verschiedener wissenschaftlicher Ansätze definieren,
• Prozesse und Strukturen von Macht und Herrschaft in mindestens einer Epoche der europäischen Geschichte beschreiben, d. h.:	• Prozesse und Strukturen von Macht und Herrschaft in mindestens zwei Epochen, davon eine aus Antike oder Mittelalter beschreiben, d. h.:
○ Erscheinungsformen von Herrschaft sowie Mechanismen der Macht epochenspezifisch an Beispielen beschreiben,	○ Erscheinungsformen von Herrschaft sowie Mechanismen der Macht epochenspezifisch an Beispielen beschreiben und ihre immanente Legitimität erläutern,
○ verschiedene Herrschaftsordnungen (z. B. traditionale, autoritäre und totalitäre) an Beispielen hinsichtlich der Rechte des Individuums, der gesellschaftlichen Willensbildung und der politischen Entscheidungsprozesse vom demokratischen Rechtsstaat der Gegenwart unterscheiden.	○ verschiedene Herrschaftsordnungen (z. B. traditionale, autoritäre und totalitäre) an Beispielen hinsichtlich der Rechte des Individuums, der gesellschaftlichen Willensbildung und der politischen Entscheidungsprozesse vom demokratischen Rechtsstaat der Gegenwart unterscheiden und im Hinblick auf ihre jeweiligen Voraussetzungen und Folgen vergleichen."[20]

Diese Themenbereiche werden durch weitere inhaltliche Vorgaben des Rahmenplans präzisiert. Der Themenbereich „Macht und Herrschaft in der europäischen Geschichte" wird so präzisiert, dass die folgenden Inhalte zu behandeln sind:

> „Begriffe und Konzepte von Macht und Herrschaft, Ressourcen und Organe der Ausübung und Sicherung von Macht und Herrschaft, Formen des Wandels von Macht und Herrschaft (Reform, Revolution, Krieg)."[21]

Kritik des Hamburger
Rahmenplans

Diese Kompetenzbeschreibungen erfüllen unsere Anforderungen weitgehend. Lediglich die Vorgabe von vier Themenbereichen zur Domänenbeschreibung und ihre inhaltliche Präzisierung erscheint problematisch. Denn sie führt zu einer nicht begründeten Einschränkung des Domänenbereichs. Idealerweise sollte die Domänenbeschreibung aus der Natur und Beschaffenheit der Sache bzw. ggf. der Kompetenz hergeleitet werden. Die Domäne „Geschichte" muss also so beschrieben werden, dass ihre charakteristische Eigenart und ihre sachliche Reichweite deutlich werden. Innerhalb der Domäne wird nach den inhaltlichen Erfordernissen der Kompetenz eine Auswahl getroffen. Im Falle der Orientierungskompetenz könnte dies z. B. die Kenntnis historischer Epochen sein, wenn man eine äußerliche zeitliche Orientierung im Auge hat, oder es könnten Elemente sei, die eine bestimmte Identität begründen. Die Erfordernisse der Orientierung führen also zur Auswahl der entsprechenden Domänen. Ansonsten bleibt in diesen Beschreibungen noch ein Rest traditionalen Geschichtsverständnisses haften, das unreflektiert bleibt und den Domänen- und Kompetenzbereich unsachgemäß einschränkt. Die Frage sollte also nicht lauten, welche Orientierung die Schülerinnen und Schüler durch die Behandlung der vier Themenfelder erhalten, sondern, welche Domänen behandelt werden müssen, damit die Schülerinnen und Schüler Orientierung in und durch die Geschichte finden können. Je nach Zielsetzung der Orientierung könnten dies die genannten vier Felder sein, es wären aber auch andere denkbar. Die weitere Präzisierung der Themenbereiche schränkt die Kompetenzorientierung noch weiter ein und führt in die alte Lernzielorientierung zurück, die statt Kompetenzen konkrete Ziele vorgibt.

Trotz dieser Kritik aber darf den Autoren des Hamburger Rahmenplans bescheinigt werden, dass sie eine ganz hervorragende und vorbildliche Arbeit zur Umsetzung des kompetenzorientierten Unterrichts geleistet haben.

Vorbildliche Umsetzung im Hamburger Rahmenplan

4.2 Die Kompetenzbeschreibung im Berliner Rahmenlehrplan

Auch der Berliner Rahmenlehrplan orientiert sich am FUER-Modell, formuliert aber andere zentrale Kompetenzen als der Hamburger Rahmenplan. Im Zentrum steht die Narrativität, die einmal als „Ausdruck eines angewandten, reflektierten und urteilenden Geschichtsbewusstseins", ein anderes Mal als „Kompetenz eines reflektierten, historischen Erzählens und Urteilens" beschrieben wird. Sie konstituiert sich aus dem Zusammenspiel der Teilkompetenzen Deutungs- und Analysekompetenz, Methodenkompetenz und Urteils- und Orientierungskompetenz.[22]

Narrativität als zentrale Kompetenz

Betrachten wir als Beispiel der Kompetenzbeschreibung die Methodenkompetenz. Im Rahmenlehrplan heißt es dazu:

„In einem untrennbaren Zusammenhang mit der Deutungs- und Analysekompetenz steht die Methodenkompetenz: Im Geschichtsunterricht bearbeiten die Schülerinnen und Schüler historische Phänomene unter Anwendung fachspezifischer Methoden sachgerecht und weitgehend handlungsorientiert sowie forschend-entdeckend.

Methodenkompetenz umfasst auch die Entwicklung von Lernstrategien und Arbeitstechniken und die angemessene Nutzung unterschiedlichster Formen von Medien. Dies geschieht zunächst unter zielorientierter Anleitung und mit steigender Sicherheit und Kompetenz der Lernenden, dann verstärkt in selbstgesteuerten Prozessen und Sozialformen.

Methodenkompetenz

Die Schülerinnen und Schüler

• stellen Fragen an die Vergangenheit und diskutieren Wege der Beantwortung,
• stellen Hypothesen auf und überprüfen sie,

- befragen Zeitzeugen und Fachleute,
- arbeiten unter Anleitung in geeigneten Museen und Bibliotheken,
- gehen auf Spurensuche in Land und Region in Form von Exkursionen und Erkundungen sowie in geeigneten privaten und öffentlichen Institutionen,
- erstellen Zeitleisten, Plakate, Zeitungen und computerunterstützte Dokumentationen,
- sprechen und handeln in Rollen, die durch Perspektivübernahme eingenommen werden,
- verwenden aussagekräftige Zitate in angemessenem Umfang und weisen verwendete Quellen nach,
- bewerten das methodische Vorgehen kriteriengeleitet."[23]

Kritik der Methodenkompetenz des Berliner Rahmenlehrplans

Der Methodenbegriff wird hier in Anlehnung an das FUER-Modell weit gefasst; er beinhaltet nicht nur Arbeitsformen im engeren Sinne, wie Text- und Bildarbeit, Oral History usw., sondern bezieht sich auch auf die Gewinnung inhaltlicher Erkenntnisse in Gestalt der Rekonstruktion von Geschichte. Er bleibt durch die große Allgemeinheit und Kontingenz der Beschreibung allerdings sehr unbestimmt. Die fachspezifischen Methodenkompetenzen wie der Umgang mit historischen Texten, Bildern usw. werden nicht differenziert, sondern pauschal unter Methodenkompetenz zusammengefasst. Die spezifischen Methoden treten nicht als Ganze ins Blickfeld, sondern es werden einzelne Elemente additiv angeführt. Dass diese Bausteine auch noch unterschiedlichen Kompetenzen angehören können, erschwert das Verständnis zusätzlich. Da keine Domänen angegeben werden, worauf sich die Kompetenzen beziehen, können die Formulierungen nicht eindeutig zugeordnet werden. Dies gilt z. B. für die Anforderung „Hypothesen aufstellen und überprüfen können". Ebenso könnte die Verwendung von „aussagekräftigen Zitaten" auch methodischer Bestandteil einer narrativen Kompetenz sein, die zur Darstellung von Geschichte befähigt. Mit „Bewertung eines methodischen Vorgehens" wird eine Befähigung bezeichnet, die keiner spezifischen Kompetenz zugeordnet werden kann, sondern allgemein für jede methodische Kompetenz gilt.

Unvollständige und unstrukturierte Kompetenzbeschreibung

Neben dem Domänenbezug sucht man auch eine systematische Beschreibung von Niveaustufen vergebens. Die Kompetenzen werden weder umfassend noch in sich strukturiert dargestellt; die Beschreibungen werden der Komplexität und Ganzheit einer Kompetenz nicht gerecht.

Beschreibungen wie „[die Schülerinnen und Schüler] erstellen Zeitleisten, Plakate, Zeitungen und computerunterstützte Dokumentationen" lassen die notwendige Allgemeinheit der Kompetenzbeschreibung vermissen und gehen in die konkrete Beschreibung der Performanz über, womit der intendierte kompetenzorientierte Unterricht in die Lernzielorientierung zurückfällt. Statt eine Kompetenz zu entwickeln wird der Lehrer zu ganz konkreten Ausgestaltungen der Kompetenz angehalten, was dazu führt, den Kompetenzerwerb zugunsten der Abarbeitung bestimmter Performanzen zu vernachlässigen bzw. zu vergessen.

Im Unterschied zu den Niveaubeschreibungen des Hamburger Rahmenplans werden im Berliner Rahmenlehrplan den zentralen Kompetenzen Standardbeschreibungen beigegeben, d. h. Beschreibungen, die angeben, welche Kompetenzen die Schülerinnen und Schüler am Ende eines Doppeljahrgangs erreicht haben sollen. Diese Standards erfüllen hier aber die Aufgabe einer Niveaubeschreibung.[24] Die Verfasser dieses Bildungsplanes sind der begrifflichen Verwirrung zum Opfer gefallen, die wir im ersten Kapitel beschrieben haben; sie benutzen den Begriff „Standard", wollen aber Kompetenzen beschreiben. „Hypothesen aufstellen und überprüfen" sind Elemente einer Kompetenz, aber kein Standard. Ein Standard muss angeben, in welchem Ausmaß oder Grad die entsprechende Kompetenz ausgebildet sein muss, um eine entsprechende Qualifikation zu erreichen. Im zitierten Beispiel muss also angegeben werden, in welchem Grade und Ausmaße Schülerinnen und Schüler in der Lage sein müssen, „Hypothesen aufzustellen und zu überprüfen", um ein entsprechendes Qualifikationsniveau zu erreichen. Hier muss man Mindest-, Regel- und Maximalstandards angeben, um das Qualitätsniveau präzise beschreiben zu können.

Vermischung von Standard- und Kompetenzbeschreibungen

Sehen wir uns die Standards für die Methodenkompetenz im gymnasialen Bereich an; sie betreffen die Jahrgangsstufen 7/8 und 9/10. Zunächst fällt auf, dass sich die Standards häufig nicht von den Kompetenzbeschreibungen unterscheiden. Viele Kompetenzbeschreibungen werden in den Standards der Jahrgangsstufe 7/8 einfach wiederholt. Sowohl in den Kompetenz- wie in den Standardbeschreibungen stellen die Schülerinnen und Schüler „Hypothesen auf und überprüfen sie"; auch wiederholt sich diese Beschreibung für die Jahrgangsstufe 9/10 unverändert. Hier wird deutlich, dass Kompetenz- und Standardbeschreibung begrifflich noch nicht hinreichend differenziert sind. Insofern gilt die Kritik an den Kompetenzbeschreibungen ebenfalls für die Standards.

Kritik der Standards zur Methodenkompetenz

Wo es sich um tatsächliche Niveauunterschiede handelt, werden diese Unterschiede nicht innerhalb der Kompetenz verankert, sondern den unterschiedlichen Klassenstufen zugewiesen, wie die tabellarische Gegenüberstellung auf der nächsten Seite zeigt. In dieser Form würden die Niveaubeschreibungen tatsächlich das Kriterium eines Standards erfüllen, wenn sie hinreichend präzise differenziert wären.

Den Kompetenz- und Standardbeschreibungen wird ein Kapitel hinzugefügt, das mit „Themen und Inhalten" überschrieben ist. Es enthält reine Inhaltsbeschreibungen, die in Pflicht- und Wahlthemen untergliedert werden; sie werden lose an die vorausgegangenen Kompetenzen und Standards angebunden. Die Themenauswahl orientiert sich an traditionellen Vorgaben und wird nicht begründet.

Themenwahl nach traditionellem Geschichtsverständnis

„In den Themenfeldern wird nun in der Spalte ‚Kompetenzbezug' auf Bezüge zwischen den Inhalten des Themenfeldes und dem Erwerb der Kompetenzen durch die Schülerinnen und Schüler hingewiesen.

Diese Hinweise erfolgen in Anlehnung an die anzustrebenden Anforderungsniveaus und mit unterschiedlicher Schwerpunktsetzung in den verschiedenen Themenfeldern. Sie sind im Gegensatz zu den Standards nicht verbindlich."[25]

"Standards" ohne innere Struktur und Anbindung an Domänen und Niveaustufen

Methodenkompetenz in Standardschreibweise	
Jahrgangsstufe 7/8	Jahrgangsstufe 9/10
„Die Schülerinnen und Schüler · stellen Hypothesen auf und überprüfen sie, · entwickeln Fragen an Quellen und beantworten diese, · analysieren, erläutern und beurteilen Texte, Bilder, Schaubilder und Karten und fassen die Ergebnisse zielorientiert zusammen, erarbeiten überwiegend selbstständig unterschiedliche situations- und anforderungsgemäße Formen der Präsentation unter Zuhilfenahme funktionaler Medien und stellen sie vor, · erstellen weitgehend selbstständig Zeitleisten und Plakate, · entdecken, beschreiben, übernehmen und beurteilen ansatzweise unterschiedliche historische Perspektiven und sprechen bzw. handeln in Rollen."[26]	„Die Schülerinnen und Schüler · beachten den Themen- und Aufgabenbezug beim Sammeln von Informationen, · formulieren Fragen an Quellen und beantworten diese, · stellen Hypothesen auf und überprüfen sie, · erkennen und untersuchen die Merkmale der Materialien: Quellen (Texte, Tondokumente, Schaubilder …) und Darstellungen (Sachbuch, fachwissenschaftliche Darstellung, fiktionale Literatur …), · unterscheiden die oben genannten Quellenarten zuverlässig und setzen sich kritisch mit ihnen auseinander, · recherchieren weitgehend selbstständig in geeigneten außerschulischen Lernorten und präsentieren ihre Ergebnisse, · präsentieren Arbeitsergebnisse situations- und anforderungsgemäß, · führen Befragungen von Zeitzeugen zu einem eng begrenzten historischen Sachverhalt sinnvoll, quellenkritisch und geplant durch, · verwenden aussagekräftige Zitate in angemessenem Umfang und belegen sie korrekt, · bewerten das methodische Vorgehen kriteriengeleitet"[27]

Sehen wir uns das Themenfeld 1 der Jahrgangsstufe 7/8 an:

„Themenfeld 1: Leben im Mittelalter – Jahrgangsstufe 7/8

Mit dem Themenfeld „Leben im Mittelalter" erarbeiten sich die Schülerinnen und Schüler vor allem Einblicke in die unterschiedlichen Lebenswelten der mittelalterlichen Gesellschaft. Sie erfassen historische Prozesse unter konkreten Fragestellungen und erkennen Aspekte ihrer Vielfältigkeit. An dieser Stelle wird Multiperspektivität im Blick auf eine gesamte Epoche angestrebt und der Vergleich (zwischen den Lebenswelten) bietet sich an.

Leben im Mittelalter – Jahrgangsstufe 7/8 –Kompetenzbezug

Die Schülerinnen und Schüler

- fassen ein vorgegebenes Schaubild zur Gesellschaftsordnung sprachlich zusammen, deuten und problematisieren es,
- untersuchen, erklären und bewerten kriterienorientiert (z. B. Macht und Verantwortung, Rechte und Pflichten) das Handeln mittelalterlicher Menschen,
- unterscheiden die Perspektiven unterschiedlicher Gruppen in konkreten historischen Situationen und erkennen und analysieren ansatzweise deren Standortgebundenheit."[28]

Die Themenfeldbeschreibung enthält keine Angaben zu den Kompetenzen, die die Schülerinnen und Schüler erwerben sollen, sondern hat die Form von Lernzielbeschreibungen, wie sie z. B. in den alten Bildungsplänen von Baden-Württemberg üblich war und wie sie der sächsische Bildungsplan heute noch verwendet. Die Inhaltsbeschreibung erscheint als Selbstzweck; sie wird nicht begründet und aus einer Kompetenz hergeleitet. Warum die Schülerinnen und Schüler „Einblicke in die unterschiedlichen Lebenswelten der mittelalterlichen Gesellschaft" erhalten sollen, wird nicht vom Gesichtspunkt der Schülerinnen und Schüler, sondern vom Stoff her gesehen und begründet, den es traditionell zu kennen gilt. Eine Herleitung der Unterrichtsinhalte aus den angestrebten Kompetenzen ist aber für einen kompetenzorientierten Unterricht unerlässlich, da sonst kein begründeter Zusammenhang zwischen Inhalten und Kompetenzen hergestellt werden kann; die Themenauswahl bleibt dann traditionell und konventionell.

> *Lernziel- statt Kompetenzbeschreibung*

Formulierungen wie „Sie [die Schülerinnen und Schüler] erfassen historische Prozesse unter konkreten Fragestellungen und erkennen Aspekte ihrer Vielfältigkeit" fehlt die Konkretion, die z. B. durch die Hinzufügung einer Domänen- und Niveaustufenbeschreibung hergestellt werden könnte. Die Kompetenz bleibt dadurch schemenhaft und unbestimmt. Es fragt sich, ob man hier überhaupt von einer Kompetenzbeschreibung sprechen kann oder ob man es nur mit einer Pseudokompetenz zu hat, also mit einer Kompetenzbeschreibung, die zwar formal ein Können beschreibt, das sich aber bei näherem Hinsehen in Unbestimmtheit auflöst. Hier muss man von einem kompetenzorientierten Lehrplan größere Klarheit verlangen.

> *Mangelnde Konkretion durch fehlenden Domänen- und Niveaustufenbezug*

Betrachten wir Beschreibungen, die explizit als Kompetenzbezug ausgewiesen werden. Dass Schülerinnen und Schüler „ein vorgegebenes Schaubild zur Gesellschaftsordnung sprachlich zusammenfassen, deuten und problematisieren", beschreibt keine Kompetenz, sondern eine Performanz, d. h. eine konkrete Realisierung einer allgemeinen Kompetenz „Bildarbeit", die als solche beschrieben werden müsste, wie wir dies in Kapitel 3 getan haben. Auch die inhaltlichen Beschreibungen „untersuchen, erklären und bewerten kriterienorientiert das Handeln mittelalterlicher Menschen" sowie „unterscheiden die Perspektiven unterschiedlicher Gruppen in konkreten historischen Situationen und erkennen und analysieren ansatzweise deren Standortgebundenheit" stellen konkrete Zielvorgaben dar und bewegen sich damit auf der Ebene der Performanz bzw. der Lernzielorientierung. Hier wäre notwen-

> *Performanzen statt Kompetenzen*

dig, die Deutungs- und Analysekompetenz, zu der diese zuletzt angeführten Konkretisierungen vermutlich gehören, als solche in ihrem Bezugsfeld (Domäne) und in ihren Niveaustufen zu beschreiben. Damit wäre erst eine hinreichende Kompetenzbeschreibung erreicht und damit eine wesentliche Voraussetzung eines kompetenzorientierten Unterrichts erfüllt.

Die folgende Tabelle gibt eine Übersicht über die Themen und Themenfelder der Klassen 7 und 8 des Gymnasiums; Themen ohne Klammer sind Pflichtthemen; Themen mit Klammer Wahlthemen.

Themenfelder
und Themen

Themenfeld	Thema
„1. Leben im Mittelalter	• Ständegesellschaft im Überblick • Lebenswelten (Dorf, Stadt, Kloster, Burg) • (Christliches Welt- und Menschenbild) • (Frauen- und Männerrollen in der mittelalterlichen Gesellschaft) • (Hanse) • (Wirtschaftsprozesse)
2. Glaube und Herrschaft im Mittelalter	• (Grundlagen der Königsherrschaft) • (Papst und Kaiser) • Welt des Islam und die Kreuzzüge
3. Aufbruch in eine neue Welt	• (Neues Denken, neues Fühlen, neues Wissen: die Renaissance) • Entdecker und Entdeckte: z. B. Kolumbus und die Folgen • Reformation: Luther und die Folgen
4. Herrschaft und Legitimation	• Absolutistischer Staat am Beispiel Frankreichs • Aufklärung als Grundlage der Moderne • Bürgerliche Revolutionen und ihre Folgen (z. B. englische oder amerikanische oder französische Revolution) • (Liberale und nationale Bewegungen) • Revolution(en) 1848/49
5. Industrialisierung und gesellschaftlicher Wandel	• Technische Innovation, Industriekultur und Soziale Frage • (Wandel von Arbeitsformen und Familienstrukturen) • (Umgang mit der Umwelt)"[29]

4.3 Die Kompetenzbeschreibung im Bildungsplan von Niedersachsen

Der niedersächsische Bildungsplan beginnt mit einer Definition des Begriffs der Kompetenz:

> „Kompetenzen umfassen Kenntnisse, Fähigkeiten und Fertigkeiten, aber auch Bereitschaften, Haltungen und Einstellungen, über die Schülerinnen und Schüler verfügen müssen, um Anforderungssituationen gewachsen zu sein. Kompetenzerwerb zeigt sich darin, dass zunehmend komplexere Aufgabenstellungen gelöst werden können. Deren Bewältigung setzt gesichertes Wissen und die Kenntnis und Anwendung fachbezogener Verfahren voraus.
>
> Schülerinnen und Schüler sind kompetent, wenn sie zur Bewältigung von Anforderungssituationen

- auf vorhandenes Wissen zurückgreifen,
- die Fähigkeit besitzen, sich erforderliches Wissen zu beschaffen,
- zentrale Zusammenhänge des jeweiligen Sach- bzw. Handlungsbereichs erkennen,
- angemessene Handlungsschritte durchdenken und planen,
- Lösungsmöglichkeiten kreativ erproben,
- angemessene Handlungsentscheidungen treffen,
- beim Handeln verfügbare Kenntnisse, Fähigkeiten und Fertigkeiten einsetzen,
- das Ergebnis des eigenen Handelns an angemessenen Kriterien überprüfen."[30]

Der Bildungsplan übernimmt hier die klassische Kompetenzdefinition von Franz Weinert, definiert Kompetenz als Problemlösefähigkeit, die zunehmend komplexere Problemsituationen bewältigen soll, und erweitert sie um einzelne Aspekte wie den Rückgriff auf vorhandenes Wissen bzw. die Reflexion eigenen Handelns. Die Kompetenzen sollen „systematisch und kumulativ" aufgebaut werden.[31] Damit wird ein Kompetenzentwicklungsmodell impliziert, das im Bildungsplan aber nicht entwickelt und dargestellt wird. Es wird nur betont, dass die Kompetenzentwicklung „von einer allmählichen Anbahnung über eine Vertiefung zu einer möglichst freien Verfügung führen"[32] soll.

Der Bildungsplan hält vier grundlegende Kompetenzen für erforderlich: Eine Kompetenz, die in der Verfügung über Fachwissen besteht, eine Deutungs- und Reflexionskompetenz, die die Befähigung zur Beurteilung und Bewertung einschließt, eine Methodenkompetenz zur Erkenntnisgewinnung und einen Kompetenzbereich, der mit Kommunikation bezeichnet wird und durch eine narrative Kompetenz ergänzt wird. Der Deutungs- und Reflexionskompetenz wird dabei eine zentrale Position zugewiesen.[33]

Den Kompetenzen werden Anforderungsbereiche zugeordnet, die sich an den Basisoperatorenkatalog anlehnen.

> „Der erste Anforderungsbereich umfasst die Verfügbarkeit der inhaltlichen und methodischen Kenntnisse, die für die Bearbeitung von Aufgaben notwendig sind. Zum zweiten Anforderungsbereich gehören selbstständiges Erfassen, Einordnen, Strukturieren und Verarbeiten der aus der Thematik, dem Material und der Aufga-

Kompetenzdefinition

Vier Kompetenzen

Anforderungs-
bereiche des Basis-
operatorenkatalogs

benstellung erwachsenen Fragen/Probleme und deren entsprechende gedankliche und sprachliche Bearbeitung. Der dritte Anforderungsbereich umfasst die eigenständige Deutung und Reflexion, Beurteilung und Bewertung einer komplexen Problemstellung/Thematik oder entsprechenden Materials und gegebenenfalls die Entwicklung eigener Lösungsansätze. Dabei soll der Schwerpunkt in den Anforderungsbereichen I und II liegen."[34]

Kompetenz-
bereich Fachwissen

Betrachten wir die Kompetenzdarstellungen im Einzelnen. Für den Kompetenzbereich „Fachwissen" werden ausführliche inhaltliche Vorgaben gemacht, die sich am chronologischen Ablauf der Geschichte orientieren.

„Das Fachwissen", so schreibt der Bildungsplan, „bezieht sich auf die im Geschichtsunterricht übliche Behandlung einzelner historischer Themen, in der Regel als Epochenquerschnitt. In den folgenden Tabellen wird beschrieben, welche Kenntnisse und Einsichten Schülerinnen und Schüler beim jeweiligen Thema gewinnen. [...] Nur auf der Basis eines verbindlichen Fachwissens können sie Einordnungen vornehmen und Zusammenhänge erkennen. Zum Kompetenzbereich Fachwissen gehört auch die Kenntnis themenbezogener Daten, Fachbegriffe und Namen, die in der Tabelle aufgeführt sind und als Bausteine in das Überblickswissen der Schülerinnen und Schüler eingehen."[35]

Kritik am niedersäch-
sischen Bildungsplan

Der niedersächsische Bildungsplan gehört zu den wenigen Vertretern der Kompetenzorientierung, die das Fachwissen als eine Kompetenz bezeichnen. Üblicherweise wird es in der einer Kompetenz entsprechenden Formulierung als Einheit von „Wissen und Können" beschrieben, nicht aber als bloßes Wissen. Gewiss will es der niedersächsische Bildungsplan nicht so begreifen, denn er wendet sich explizit gegen das sog. „träge" Wissen; er möchte das Wissen als „intelligentes" Wissen verstanden haben, das in einer kompetenzorientierten Anwendung zum Tragen kommt. Er wirft damit die alte, schwierige und aus einem reinen Wissenskanon nicht zu beantwortende Frage nach der Auswahl dieses Wissens auf. Der Bildungsplan beantwortet diese Frage mit dem Hinweis, dass sich das Fachwissen „auf die im Geschichtsunterricht übliche Behandlung einzelner historischer Themen" bezieht. Damit nennt er als Auswahlkriterium die Tradition des Geschichtsunterrichts. Das ist eine offene und ehrliche Antwort, die aber natürlich der Kompetenzorientierung nicht gerecht wird, die ihre Inhaltsauswahl aus den Anforderungen der Kompetenzen herleiten muss. Die Kompetenzorientierung soll ja gerade die Vermittlung eines Inhaltskanons ablösen, der sich nicht bewährt hat und sich aus lerntheoretischen Gründen, auf die wir unten noch eingehen, auch nicht bewähren kann.

Traditionelle Inhalte
statt Kompetenzen

In der Tat orientieren sich die Formulierungen des Fachwissens ganz an den traditionellen Inhalten des bisherigen Geschichtsunterrichts. So heißt es z. B. für den Themenbereich „Zeit- und Identitätserfahrungen in Gegenwart und Vergangenheit", womit der Geschichtsunterricht üblicher Weise beginnt:

Kompetenzbereich
Fachwissen

„Die Schülerinnen und Schüler
- entwickeln eine Vorstellung von Geschichte
- beschreiben, wie Zeit erlebt, gemessen, eingeteilt und gedeutet wird
- ordnen sich in ihr historisches Umfeld ein (Herkunft, Ort, Region, Regionalsprache)"[36]

Das sind reine Lernzielbeschreibungen, die den Charakter des kompetenzorientierten Unterrichts nicht treffen.

Dieser Duktus der Kompetenzbeschreibung „Fachwissen" bleibt in allen inhaltlichen Beschreibungen gleich, sodass wir uns dazu nur noch die Beschreibungen des nächsten Themenbereichs der Eingangsklasse ansehen. Zu „Menschen in vorgeschichtlicher Zeit" sollen die Schülerinnen und Schüler „die Entwicklung des Menschen und die Veränderung seiner Lebensweise durch die neolithische Revolution" beschreiben. Dazu werden konkrete Zahlenangaben gemacht: „vor ca. 6-7 Mio. Jahren erste Formen des Menschen; vor ca. 10.000 Jahren langsamer Übergang zur Sesshaftigkeit; ab 1800 v. Chr. Bronzezeit, ab 1000 v. Chr. Eisenzeit" und zu beherrschende Begriffe genannt: „Altsteinzeit, Jungsteinzeit, Jäger und Sammler, Nomadentum, Sesshaftigkeit".[37]

Das sind konkrete Zielvorgaben, die man bestenfalls auf der Performanzebene einer Kompetenz ansiedeln kann. Möglicherweise möchte der Bildungsplan diese Zielvorgaben so verstanden haben, wenn er darauf verweist, dass die Lösung komplexer Aufgaben eben ein gesichertes Wissen voraussetzt. Dann aber müsste er dies deutlich machen, indem er diese Vorgaben explizit als Performanzen ausweist, d. h. als Möglichkeiten der Realisierung einer Kompetenz. So aber erscheinen sie als feste Zielvorgaben, die der Offenheit und der Allgemeinheit einer Kompetenz nicht entsprechen.

Die zentrale Kompetenz für ein Geschichtsverstehen sieht der niedersächsische Bildungsplan in der Deutungs- und Reflexionskompetenz – Beurteilung und Bewertung.

Pseudokompetenz?

> „Dieser Kompetenzbereich umfasst, dass die Schülerinnen und Schüler die Komplexität historischer Zusammenhänge verstehen und auf der Grundlage des Fachwissens historische Ereignisse und Prozesse eigenständig deuten und reflektieren."[38]

Damit wird eine grundlegende Aufgabe der Geschichtswissenschaft formuliert, die im Geschichtsunterricht verwirklicht werden soll. Um den Geschichtsunterricht nicht hoffnungslos zu überfordern, wäre hier eine genaue Abgrenzung gegenüber der Geschichtswissenschaft und eine präzisere Beschreibung der Kompetenz notwendig, die die Schülerinnen und Schüler erwerben sollen. Auch hier muss man fragen, ob mit der Deutungs- und Reflexionskompetenz nicht eine Pseudokompetenz beschrieben wird. Welche Zusammenhänge sollen Schülerinnen und Schüler verstehen? Wie detailliert, wie reduziert dürfen und müssen sie sein? Wenn damit all die Inhalte intendiert sind, die in den Tabellen der Kompetenz „Fachwissen" aufgeführt werden, dann steht zu befürchten, dass das Ziel der Kompetenzorientierung nicht erreicht werden kann. Denn diese Inhalte sind zu unterschiedlich, um die Grundlage für eine Kompetenzbildung abgeben zu können. Nehmen wir das Beispiel aus der Vor- und Frühgeschichte. Die Schülerinnen und Schüler sollen „die Entwicklung des Menschen und die Veränderung seiner Lebensweise durch die neolithische Revolution" beschreiben. Das werden sie nach der Behandlung des Themas im Unterricht und auch noch nach der Klassenarbeit können. Aber wie sieht es ein halbes Jahr oder gar ein, zwei Jahre später aus? Erfahrungsgemäß wird die Sache innerhalb einer bestimmten Zeit vergessen, wenn sie nicht entsprechend wiederholt wird – und zwar immer wieder. Aber „immer wieder" lassen sich die Fülle der Details, wie sie bei der fachlichen

Kompetenz beschrieben werden, nicht wiederholen. Auch von dieser Seite wird also deutlich, dass man eine Kompetenz so nicht beschreiben kann. Eine Kompetenz ist eine nachhaltige Fähigkeit; eine einmalige Lösung eines Problems, wie es im Unterricht und in der darauffolgenden Klassenarbeit vorkommt, erfüllt nicht das Kriterium einer Kompetenz. Hier berühren wir lerntheoretische und lernpsychologische Aspekte, die auffallender Weise von keinem der vorliegenden Kompetenzmodelle aufgegriffen worden sind und auch in den Bildungsplänen nur rudimentär angedeutet werden. Zur Kompetenzorientierung gehört eine entschiedene Reduktion der Inhalte auf „große Linien", auf „Kern- und Leitideen", wie dies Klieme in seinem Aufsatz zu Recht gefordert hat.[39] Nur sie lassen sich vernünftig wiederholen; daher lässt sich nur auf ihnen eine Kompetenz aufbauen – sowohl pragmatisch im Hinblick auf die Wiederholbarkeit der Inhalte wie auch theoretisch hinsichtlich der Allgemeinheit einer Kompetenz.

Reduktion auf Kern- und Leitideen

Der Bildungsplan fasst unter der Deutungs- und Reflexionskompetenz eine Reihe unterschiedlicher Fähigkeiten, z. B.:

- Grundeinsichten in die Struktur historischer Erkenntnis
- Umgang mit Begriffen und Untersuchungsverfahren
- Produktion eigener Deutungen
- kritische Analyse vorliegender Deutungen von Geschichte
- Einsicht in die Perspektivität und in die Standortgebundenheit sowohl der Quellen als auch ihrer späteren Interpreten
- Fremdverstehen, bei dem „sich die Schülerinnen und Schüler in kulturell und zeitlich ferne Erfahrungs- und Lebenswelten hineinversetzen und Handlungsmuster und Denkweisen aus dem historischen Sachverhalt heraus verstehen."
- historische wie gegenwärtige Phänomene kriterienorientiert auf Analogien und Differenzen untersuchen
- Herstellung von Gegenwartsbezügen zur Vergangenheit, um sich in Gegenwart und Zukunft orientieren zu können
- adäquate Anwendung fachspezifischer Dimensionen und Kategorien
- ansatzweiser Vollzug historischer Erkenntnisprozesse
- formulieren von Fragen an die Geschichte
- aufstellen von Hypothesen
- erklären von Ursache–Folge–Beziehungen.
- Urteilsbildung auf der historischen Sachebene
- Herstellung von Werturteilen durch Gegenwartsbezug[40]

Eine bloße Ansammlung von Fähigkeiten ist noch keine Kompetenz

Man muss sich fragen, ob eine solche Ansammlung unterschiedlicher Befähigungen noch ein vernünftige Kompetenzbeschreibung darstellt. Natürlich handelt es sich bei Kompetenzen um komplexe Gebilde, die man hierarchisch nach oben immer weiter zu noch komplexeren Kompetenzen zusammenfassen kann. Aber die Klarheit, die man für den Unterricht braucht, darf mit einer solchen Argumentation nicht auf der Strecke bleiben.

Bei einer Ursache-Folge-Beziehung handelt es sich um eine kausale Erklärung, nicht um eine bloße Deutung oder Reflexion. Auch historische Erkenntnisprozesse folgen einer eigenen Logik, die mit den Begriffen „Deutung" und „Reflexion" nicht zureichend beschrieben werden kann. Die Herstellung von Gegenwartsbezügen dient der Orientierung. Das Fremdverstehen folgt eigenen Gesetzen, die mit den Kategorien „Deutung" und „Reflexion" gar nicht erfasst werden. Auch hier mangelt es an einer begrifflichen Klarheit, die hergestellt werden muss, damit der kompetenzorientierte Unterricht die nötige Kontur gewinnen kann. Gerade bei so weit gefassten Kompetenzen ist eine klare Domänenbeschreibung unerlässlich, die den Bezugs- und Angriffspunkt der Kompetenz deutlich benennt.

Der Deutungs- und Reflexionskompetenz werden im Bildungsplan Präzisierungen für die einzelnen Jahrgangsstufen beigegeben. Sie stellen ähnlich wie beim Berliner Rahmenlehrplan eine Mischung aus Niveaustufen und Standards dar. Wir übergehen sie daher, da sie für unsere Untersuchung keine neuen Aspekte ergeben.

Der methodische Kompetenzbegriff des niedersächsischen Bildungsplans bewegt sich im Rahmen des klassischen Geschichtsunterrichts; er enthält nicht die Gesichtspunkte der Konstruktion und Dekonstruktion, die in den beiden zuvor besprochenen Bildungsplänen der Methodenkompetenz zugerechnet werden, sondern hat sie der Deutungs- und Reflexionskompetenz zugeordnet. Dadurch gewinnt die Beschreibung der Methodenkompetenz an Klarheit und Kontur. Dies rechtfertigt die Forderung, Kompetenzbeschreibungen nicht zu weit zu fassen.

Methodenkompetenz des niedersächsischen Bildungsplans

Die Beschreibungen der methodischen Kompetenzen stellen eine Mischung von Niveau- und Standardbeschreibungen dar. Die Operatoren bezeichnen unterschiedliche Anforderungsniveaus, die Aufteilung der Anforderungen auf die Jahrgangsstufen entspricht dem Standard. Auch hier wäre es sinnvoll, Niveaustufen und Standards sauber zu trennen und die „Textquellen" in Domänen zu differenzieren, wie wir dies getan haben. Die Beschreibung der Niveaustufen sollte allgemein, nicht durch konkrete Operatoren erfolgen, die bereits die Ebene der Performanz berühren. Werden die Operatoren im Bildungsplan verbindlich festgelegt, werden die Kompetenzen auf bestimmte Performanzen eingeengt; damit geht die Kompetenzorientierung wieder in eine Lernzielorientierung über und die Lehrerinnen und Lehrer verlieren ihre pädagogischen Freiräume, die sie durch die Kompetenzorientierung eigentlich gewinnen sollten, und werden wiederum zum Abarbeiten dieser ganz konkreten Vorgaben angehalten.

Mischung von Niveau- und Standard-beschreibungen

„Standards" mit
konkreten Operationen
ergeben Lernziele,
keine Kompetenzen

		am Ende von Schuljahrgang 6	zusätzlich am Ende von Schuljahrgang 8	zusätzlich am Ende von Schuljahrgang 10
Textquellen		· unterscheiden zwischen Quellen und Darstellungen · stufen Quellen als Zeugnisse vergangener Zeiten ein · geben den Inhalt von Quellen mit eigenen Worten wieder · erklären, dass Quellen das vergangene Geschehen nicht wahrheitsgemäß abbilden und erschließen mit W-Fragen Quellen in Ansätzen	· unterscheiden verschiedene Formen schriftlicher Quellen und ordnen sie historisch ein · erklären, dass die Rekonstruktion von Geschichte einer genauen Befragung der Quellen bedarf (z. B.: Autor, Intention, Adressat)	· erklären den Unterschied zwischen Quellen und Darstellungen · fassen den Inhalt von Quellen mit eigenen Worten zusammen und beschreiben die Argumentationsstruktur · erläutern den Rekonstruktionscharakter von Geschichte und interpretieren die Quellen unter quellenkritischen Gesichtspunkten
Bildquellen		· beschreiben bildliche Darstellungen · unterscheiden zwischen historischen und zeitgenössischen (heutigen) Bilddarstellungen	· unterscheiden zwischen Bildbeschreibung und -deutung	· erklären den Unterschied zwischen historischen und zeitgenössischen (heutigen) Bilddarstellungen · interpretieren unter quellenkritischen Gesichtspunkten eine Bildquelle[41]

Kommunikative
Kompetenz

Werfen wir zum Abschluss einen Blick auf die kommunikative Kompetenz.

„Kommunikative Kompetenz ist die Grundvoraussetzung unterrichtlichen Handelns. Daher wird in den folgenden Tabellen das soziale und kooperative Miteinander berücksichtigt (z. B. in Gruppenarbeit, in Partnerarbeit, im Unterrichtsgespräch). Kommunizieren über historische Zusammenhänge bedeutet u. a., das Thema zu erfassen, Fragestellungen zu entwickeln, ggf. Hypothesen zu formulieren, diese an geeignetem Material zu beantworten bzw. zu überprüfen, um anschließend zu einem reflektierten Sach- und Werturteil zu gelangen. Dabei nehmen Schülerinnen und Schüler historische Informationen und Argumente auf, strukturieren Informationen, erläutern historische Sachverhalte und verständigen sich darüber mit eigenen Worten und unter Nutzung angemessener Fachbegriffe. In diesen Kontext gehören auch die Organisation fachbezogener Lernprozesse und die Präsentation von Ergebnissen. Die Schülerinnen und Schüler gehen konstruktiv mit Fehlern und Kritik um und reflektieren und evaluieren Lernprozesse und Lernergebnisse. Neben der kommunikativen Kompetenz ist die narrative Fähigkeit, die

Geschichte sinnbildend darstellt, für den Geschichtsunterricht konstitutiv. Geschichte liegt in der ihr eigentümlichen Form einer Erzählung vor, also eines sprachlichen Gebildes, das auf bestimmte Weise zuvor isolierte Sachverhalte bedeutungsvoll miteinander verbindet. Vom herkömmlichen Erzählbegriff grenzt sich die narrative Fähigkeit durch den Akt der Sinnbildung über Zeiterfahrung bis hin zur Begründung von Urteilen ab. Diese wird in den Tabellen auf Lernprogression angelegt; dabei spiegelt sie die Beherrschung des Fachwissens, der Kompetenz des Deutens und Reflektierens - des Beurteilens und Bewertens sowie der Medien- und Methodenkompetenz auf der jeweiligen Stufe wider."[42]

Narrative Kompetenz konstitutiv für Geschichtsunterricht

am Ende von Schuljahrgang 6	zusätzlich am Ende von Schuljahrgang 8	zusätzlich am Ende von Schuljahrgang 10
· „sprechen zuhörergerecht, deutlich und artikuliert über historische Sachverhalte und wenden Fachbegriffe an · formulieren aus der Gegenwart einfache Fragen an die Vergangenheit · stellen Hypothesen zu historischen Sachverhalten auf · entnehmen historischen Darstellungen Informationen und verarbeiten diese im Gespräch · nehmen in historischen Situationen verschiedene historische Perspektiven ein und sprechen und handeln in ihnen	· stellen Hypothesen zu historischen Sachverhalten auf und machen Verfahrensvorschläge zu ihrer Überprüfung · recherchieren zu historischen Sachverhalten (z. B. Bibliothek, Internet) und werten die Recherche im Gespräch (Partner-, Gruppenarbeit, Unterrichtsgespräch) aus · tragen im Geschichtsunterricht zu einem begrenzten Sachthema stichwortgestützt Ergebnisse vor und setzen dabei in einfacher Weise Medien zur adressatengerechten Veranschaulichung ein (z. B. Plakate, Wandzeitungen etc.)	· formulieren aus der Gegenwart problemorientierte (Leit-) Fragen an die Vergangenheit und nehmen eine sinnvolle Gewichtung der formulierten Fragen vor."[43]

Die kommunikative Kompetenz zeigt ein Doppelgesicht: Einmal thematisiert sie kommunikative Fähigkeiten, die in bestimmten Sozialformen wie Partner-, Gruppenarbeit oder zur Präsentation eines Themas benötigt werden; diese Fähigkeiten sind nicht fachspezifisch und sollten daher auch nicht in einer Beschreibung von Fachkompetenzen verankert sein. Zum anderen werden Fähigkeiten aufgeführt, die bereits unter der Deutungs- und Reflexionskompetenz angeführt wurden, z. B. Fragen formulieren, Hypothesen aufstellen. Hier liegt eine logisch unsaubere Kompetenzbeschreibung vor, die auch nicht mit dem Hinweis zu beseitigen ist, dass sich Kompetenzen überschneiden. Das tun sie gewiss, aber das bedeutet selbstverständlich nicht, dass man die gleichen Befähigungen unter verschiedene Kompetenzbegriffe fassen kann; das ergibt

Kritik der kommunikativen Kompetenz

einfach keinen Sinn. Zum Dritten wird der Kommunikationskompetenz die narrative Fähigkeit zur Seite gestellt, eine Kompetenz, für die der Oberbegriff „Kommunikation" zu weit ist. Die Notwendigkeit der narrativen Kompetenz wird damit begründet, dass „Geschichte [...] in der ihr eigentümlichen Form einer Erzählung vor[liegt], also eines sprachlichen Gebildes, das auf bestimmte Weise zuvor isolierte Sachverhalte bedeutungsvoll miteinander verbindet."[44] Hier wird Geschichte mit Geschichtsdarstellung verwechselt. Geschichte liegt keineswegs in einer narrativen Form vor, sondern kann in einer solchen Form beschrieben werden.

4.4 Fazit

Der Blick in die drei Bildungspläne, der selbstverständlich auf keine systematische Analyse und keinen erschöpfenden Vergleich ausgerichtet war, sondern die Kompetenzbeschreibungen untersuchen wollte, führte zu einigen interessanten Beobachtungen:

Kein Konsens in der Kompetenzauswahl

1. Die Bildungspläne differieren in der Auswahl der Grundkompetenzen, die sie für den Geschichtsunterricht für nötig erachten. Der Hamburger Bildungsplan hält die Orientierungskompetenz für grundlegend, der Berliner die Narrativität und der Niedersächsische die Deutungs- und Reflexionskompetenz. Im Hinblick auf bundesweit einheitliche Bildungsstandards bedeutet dies, dass eine Grundvoraussetzung noch nicht erfüllt ist: Es gibt noch keinen Konsens darüber, welche Kompetenzen für den Geschichtsunterricht als zentral angesehen werden.

Herleitung aus unterschiedlichen Prinzipien

2. Die zentralen Kompetenzen werden noch nicht durchgängig aus einer übergeordneten didaktischen Überlegung hergeleitet. Am überzeugendsten leistet dies der Hamburger Rahmenplan, der die Schülerinnen und Schüler zum Ausgangspunkt seiner Kompetenzauswahl nimmt. Die Orientierungskompetenz soll ihnen ermöglichen, sich in der Welt zurechtzufinden, zu orientieren, was auch die Selbsterkenntnis einschließt. Der Berliner Rahmenlehrplan setzt mit der Narrativität einen Schwerpunkt, der in der Logik der Geschichtserkenntnis begründet ist, nicht in den Bedürfnissen der Schülerinnen und Schüler, die eine Allgemeinbildung erhalten, nicht aber zu Historiographen ausgebildet werden sollen. Die Deutungs- und Reflexionskompetenz des niedersächsischen Bildungsplans wurzelt in den Vorgaben des traditionellen Geschichtsunterrichts, bleibt in ihren Elementen aber so heterogen, dass man zweifeln kann, ob sie eine sinnvolle Kompetenz darstellt.

Vermischung von Niveau- und Standardbeschreibungen

3. Alle Bildungspläne wollen Niveaustufen der Kompetenzen beschreiben, machen dies einerseits explizit in der Angabe von Anforderungsbereichen, die Teil der Kompetenzbeschreibung sind, oder implizit in der Form von Standardangaben für die einzelnen Jahrgangsstufen.

4. Überall fehlt noch eine begriffliche Unterscheidung zwischen Kompetenzen und Niveaustufen auf der einen und Standards auf der anderen Seite. Weder die einen noch die anderen werden hinreichend klar beschrieben und definiert. Es wird nicht deutlich, dass beide ganz Unterschiedliches beschreiben: Die Niveaustufe die Kompetenz, der Standard die Anforderungen der Jahrgangsstufe.

5. Die Operatoren werden durchgehend zur Beschreibung der Kompetenzen bzw. ihrer Niveaustufen benutzt. Dabei wird nicht bedacht, dass diese Operatoren in der Kombination mit bestimmten Aufgaben nur die Performanzebene, nicht die Kompetenzebene beschreiben. Dadurch werden die Kompetenzen unnötig eingeengt und in Lernziele verwandelt, was der Intention der Kompetenzorientierung und der Bildungsstandards widerspricht.

Statt Kompetenzen oft nur konkrete Operationen

5 Kompetenzmodelle für Geschichtsverständnis und Geschichtsunterricht

5.1 Notwendige Elemente zur Beschreibung einer Kompetenz

Elemente und Anforderungen zur Beschreibung einer Kompetenz

Fassen wir die Elemente zusammen, die wir zur Beschreibung einer Kompetenz benötigen:

- den konkreten Inhalt der Kompetenz (die Problemlösefähigkeit)
- die Domäne und Unterdomänen (ggf. in der Reduktion auf Kern- und Leitideen)
- die Niveaustufen der Kompetenz
- die Operatoren, insofern die Kompetenz konkretisiert, d. h. auf die Performanzebene übergeführt werden soll. Sie können alle nur Beispielcharakter haben.

Diese Beschreibungselemente müssen folgenden Anforderungen genügen:

- sie müssen fachspezifisch sein
- sie müssen die Struktur der Kompetenz sichtbar machen
- sie müssen den Allgemeinheitscharakter einer Begrifflichkeit haben, d. h. dürfen sich nicht in konkrete Beschreibungen der Performanzebene verlieren.

Von der Kompetenz zu unterscheiden ist der Standard, der für die Kompetenzbeschreibung gar keine Rolle spielt, sondern eine bildungspolitische Angelegenheit ist. Er legt fest, in welchem Ausmaß eine Kompetenz erworben sein muss, um eine bestimmte Qualifikation zu erreichen.

5.2 Das Problem der Auswahl der Kompetenzen

Kompetenzen haben unterschiedliche Reichweiten und lassen sich nicht messerscharf definieren und abgrenzen; sie verbinden sich untereinander zu immer komplexeren Kompetenzen und verschlanken sich hierarchisch nach oben, bis im Idealfall eine höchste und oberste Kompetenz erreicht ist. Für die Geschichtswissenschaft und den Geschichtsunterricht wäre dies z. B. ein umfassendes Geschichtsverständnis, das alle denkbaren geschichtswissenschaftlichen Kompetenzen einschließt, z. B. eine Sachkompetenz, eine Methodenkompetenz, eine Theoriekompetenz usw. Für die ältere Geschichtsdidaktik wäre diese oberste Kompetenz das Geschichtsbewusstsein gewesen. Für die Geschichtswissenschaft ist mir nicht bekannt, dass sie eine solche oberste Kompetenz formuliert hat. Bestenfalls könnte Rüsens narrative Kompetenz, auf deren Problematik wir noch eingehen, eine solche Funktion erfüllen.

Nach unten lassen sich diese Kompetenzen weiter differenzieren – bis hin zu dem von Pandel kritisierten Unfug, aus jeder Befähigung umgehend eine „Kompetenz" zu machen. So lässt sich die Sachkompetenz in eine lange Reihe bereichsspezifischer Kompetenzen aufgliedern, wie wir dies aus der Geschichtswissenschaft kennen: Kompetenzen für die „Alte", „Mittlere", „Neuere" Geschichte, für Sozial-, Wirtschafts-, Mentalitätsgeschichte usw., die ihrerseits wieder vielfältig untergliedert werden könnten. Der Sachkompetenz stehen eine Methodenkompetenz, eine Medienkompetenz, eine Theoriekompetenz zur Seite, die ebenso differenziert werden können, wie wir dies für die Sachkompetenz angedeutet haben. Für die Bedürfnisse der Schule fügt die Didaktik noch weitere Kompetenzen hinzu, wie z. B. eine Sozialkompetenz oder eine personale Kompetenz. Die beiden letzten sind für die Persönlichkeitsentwicklung der Schülerinnen und Schüler bedeutsam, erfüllen aber nicht das Kriterium einer fachspezifischen Kompetenz; daher lassen wir sie beiseite.

Vernetzung von Kompetenzen nach oben, Differenzierung nach unten

Alle Kompetenzen einschließlich ihrer Vielzahl von Unterverzweigungen sind an irgendeiner Stelle der Geschichtswissenschaft oder des Geschichtsunterrichts sinnvoll oder notwendig. Daher ist jede Auswahl oder Schwerpunktsetzung mit einer gewissen Einseitigkeit, vielleicht sogar Subjektivität verbunden, die für die Geschichtswissenschaft ein Manko, für den Unterricht aber eine Notwendigkeit darstellt, die aus den Bedingungen des Unterrichts herrührt und unvermeidlich ist. Jede Lehrerin und jeder Lehrer kennt diese Notwendigkeit unter dem Schlagwort der didaktischen Reduktion. Sie gilt für die universitäre Lehre genauso wie für den Geschichtsunterricht, wobei aber das Ausmaß der didaktischen Reduktion, das für den Geschichtsunterricht notwendig ist, diesem doch eine besondere Note und Prägung verleiht, die ihn charakteristisch (und manchmal nicht unproblematisch) von der Geschichtswissenschaft unterscheidet.

Einseitigkeit und Subjektivität in der Auswahl der Kompetenzen

Die Auswahl der Kompetenzen bedarf gerade wegen ihrer Subjektivität einer Begründung. Sie kann einmal in der Sache, zum anderen im Adressatenkreis und drittens konventionell begründet sein. Die im vorhergehenden Kapitel besprochenen Bildungspläne machten von allen dieser Möglichkeiten Gebrauch. Der Berliner Rahmenlehrplan ging von der Sache aus und stellte folglich die narrative Kompetenz in den Mittelpunkt, der Hamburger Rahmenplan hatte den Adressaten Schüler im Auge und erhob daher die Orientierungsfähigkeit zur obersten Kompetenz, der niedersächsische Bildungsplan verfuhr traditionell und setzte eine Kompetenz an die Spitze, die sowohl sach- wie auch adressatenbezogene Elemente umfasst – die Deutung- und Reflexionskompetenz.

Begründung der Kompetenzauswahl

Wir werden also die im Folgenden zu besprechenden Kompetenzmodelle daraufhin zu untersuchen haben, ob und wie sie

- ihre Kompetenzauswahl begründen
- den Anforderungen an ein Kompetenzmodell gerecht werden
- die innere Struktur der Kompetenz beschreiben
- die Möglichkeit des Erwerbs bzw. der Entwicklung der Kompetenzen bedenken.

5.3   Drei Kompetenzmodelle in der Diskussion

Drei Kompetenzmodelle liegen in der deutschen Geschichtsdidaktik z. Zt. vor: das der FUER-Gruppe um Waltraud Schreiber, Andreas Körber u. a. und die Modelle von Hans-Jürgen Pandel und Michael Sauer. Wie wir gesehen haben, orientierten sich einige Bundesländer bei der Erstellung ihrer Bildungspläne am ersten und am letzten Modell.

5.3.1 Das Kompetenzmodell der FUER-Gruppe[45]

Kompetenz-modell für das historische Denken

Dieses Kompetenzmodell möchte nicht nur für die Schule Gültigkeit haben, sondern für das historische Denken generell. Damit ist sein Anspruch weit gespannt. Es unterscheidet nicht zwischen einem historischen Denken im Geschichtsunterricht und in der Geschichtswissenschaft. Das scheint theoretisch durchaus sinnvoll, denn das historische Denken kann, wenn man es so allgemein und abstrakt fasst, natürlich im Unterricht kein anderes sein als in der Geschichtswissenschaft. Diese Annahme vernachlässigt aber den praktischen Unterschied zwischen Geschichtswissenschaft und Geschichtsunterricht, der so groß ist, dass man sich tatsächlich die Frage stellen muss, ob das historische Denken des Geschichtsunterrichts nicht doch ein anderes ist als das der Geschichtswissenschaft. Es ist hier nicht der Ort, diese spannende Frage zu vertiefen; aus meiner praktischen Erfahrung von nun fast drei Jahrzehnten Geschichtsunterricht möchte ich sie aber bejahen.

Gibt es ein historisches Denken?

Man kann sich fragen, ob es ein historisches Denken überhaupt gibt und welche Elemente dafür konstitutiv sind. In der Geschichtstheorie sind grundlegende Fragen bis heute ungeklärt: Was ist der Gegenstand der Geschichtswissenschaft? Was ist eine historische Erklärung? Jörn Rüsen hat sich dieser Fragen angenommen und sie in der vor allem von ihm entwickelten narrativistischen Geschichtstheorie beantwortet. Das FUER-Modell baut auf dieser

Narrativistische Geschichtstheorie

Grundlage auf und setzt historisches Denken mit dem gleich, was die narrativistische Theorie darunter versteht, ohne zu bedenken, dass sie damit eine bestimmte Theorie des historischen Denkens für allgemeingültig erklärt.

> „Diese versteht die Prinzipien und Operationen historischen Denkens der Geschichtswissenschaft als elaborierte Formen des lebensweltlichen Umgangs mit Geschichte, welcher letztlich in der Orientierungsfunktion begründet ist. Die als Er-

gebnis der Auseinandersetzung mit der Vergangenheit entstehenden ‚Geschichten'
müssen notwendigerweise als ‚historische Narrationen' vorliegen.“[46]

Diese Beschreibung der narrativistischen Geschichtstheorie ist nicht unproblematisch; sagt sie doch, dass sie nicht auf einem wissenschaftlichen, sondern
auf einem lebensweltlichen Umgang mit Geschichte aufbaut. Die Genese der
narrativistischen Geschichtstheorie in den Geschichtstheoriedebatten der 70er
und 80er Jahre des letzten Jahrhunderts bestätigt diese Aussage. Hier ging es
u. a. wieder einmal um die Frage der Wissenschaftlichkeit der historischen Er-
klärungen, also um den Gegensatz von historischer und wissenschaftlicher
Erklärung. Die Wissenschaftstheorie hat damals die Wissenschaftlichkeit der
historischen Erklärung verneint. Jörn Rüsen und seine Mitstreiter versuchten
aber die Praxis der Geschichtswissenschaft zu retten und zu legitimieren, indem sie eben die Narrativität als das besondere Merkmal des historischen
Denkens ausmachten und ihre spezifische Natur in umfangreichen und
scharfsinnigen Erörterungen darlegten. Sie besteht in einer sinnstiftenden Verknüpfung von historischen Gegebenheiten, die den Kriterien der empirischen,
der normativen und narrativen Triftigkeit genügen muss.

Ob damit die Wissenschaftlichkeit der historischen Erklärung gesichert
wurde, darf mit Fug und Recht bezweifelt werden. Denn Sinnstiftung stellt
trotz der genannten Triftigkeiten kein Kriterium für Wissenschaftlichkeit dar;
es handelt sich vielmehr um ein literarisches und hermeneutisches Merkmal.
In Anknüpfung an den Wissenschaftstheoretiker Wolfgang Stegmüller führte
ich im Zusammenhang mit der damaligen geschichtstheoretischen Diskussion
in meiner Arbeit zum „Problem der Erklärung in der Geschichtswissenschaft"
aus:

Kritik der narrativistischen Geschichtstheorie

> „Die historische genetische Erklärung unterscheidet sich von einer allgemeinen ge-
> netischen Erklärung lediglich dadurch, dass man zwischen den einzelnen Schritten
> immer wieder reine Beschreibungen einschiebt, die selbst nicht erklärt werden.
> Auch die historische genetische Erklärung kann danach nicht auf allgemeine Ge-
> setze oder Regelaussagen verzichten. Tut sie es doch, dann handelt es sich nicht
> mehr um eine wissenschaftliche Erklärung, sondern um eine Erzählung aufeinan-
> der folgender Ereignisse. Eine solche Erzählung nennt man eine Narration.“[47]

Der Narration zur Wissenschaftlichkeit zu verhelfen, war das Anliegen Jörn
Rüsens und vieler weiterer kluger Köpfe, die eine narrativistische Geschichtstheorie zu entwickeln suchten. Es dürfte ihnen gelungen sein, die Unwissen-
schaftlichkeit der Narration zu bändigen, überwunden haben sie sie nicht, da
ihre Theorie mehr der Hermeneutik als der Wissenschaftstheorie angehört. Sie
stellt folglich eine durchaus problematische Grundlage für ein Kompetenzmodell dar.

Das Modell geht von vier Grundkompetenzen aus, die in ihrer Gesamtheit
die „historische Kompetenz" bilden: Einer Frage-, einer Methoden-, einer
Orientierungs- und einer Sachkompetenz, die allesamt auch im Plural verwendet und immer mit dem Attribut „historisch" versehen werden. Mit dieser
Attribuierung wird klargestellt, dass es sich um fachspezifische Kompetenzen
handeln soll. Warum sie sowohl im Singular wie auch im Plural formuliert

Vier Grundkompetenzen bilden die historische Kompetenz

werden, bleibt unklar. Eigentlich genügte der Singular, denn mit dem Plural können nur Unterkategorien gemeint sein, die man sinnvollerweise aber nicht mit ihrem eigenen Oberbegriff bezeichnen kann.

Fragekompetenz

Die ersten drei Kategorien werden aus dem Prozess des historischen Denkens bzw. Erkennens hergeleitet. Daher steht am Anfang die Fragekompetenz, da das Fragen aus einer gewissen Verunsicherung oder aus bestimmten Interessen hervorgeht. Ihm liegt das Bedürfnis nach Orientierung zugrunde. Die Fragekompetenz ist doppelter Natur: Sie umfasst zum einen die Fähigkeit, Fragen an die Vergangenheit zu stellen, und zum anderen, Fragen zu erkennen und zu verstehen, die historische Narrationen behandeln bzw. von anderen Personen gestellt werden.[48]

Methodenkompetenz

Konsequent schließt sich die Methodenkompetenz an die Fragekompetenz an, der es um die methodische Erkenntnisgewinnung und Verarbeitung geht. Auch diese Kompetenz umfasst zwei Kernbereiche historischen Denkens: die Operationen der Re- und Dekonstruktion.

> „Es geht damit um die Fähigkeit und Fertigkeit, historische Narrationen zu entwickeln (Re-Konstruktion) bzw. vorhandene historische Narrationen in ihrer (Tiefen-) Struktur zu erfassen (De-Konstruktion) [...]."[49]

Die Rekonstruktionskompetenz stellt Zusammenhänge zwischen den Phänomenen her. Dabei sollen vergangene Entwicklungen erklärt und Bezüge zur Gegenwart und Zukunft hergestellt werden. Dies geschieht mit Hilfe von Sinnbildungsmustern. Die Dekonstruktionskompetenz dagegen ist analytischer Natur und möchte das einer Narration zugrunde liegende Konstruktionsmuster offenlegen wie z. B. Intentionen oder verfolgte Orientierungsabsichten. Sie beinhaltet auch die Überprüfung der Triftigkeitskriterien der narrativistischen Geschichtstheorie.[50]

Orientierungskompetenz

Die ursprünglich durch die Verunsicherung aufgeworfenen Fragen haben nun in einer neuen historischen Rekonstruktion eine Antwort gefunden. Damit ist der historische Erkenntnisprozess abgeschlossen und die Ergebnisse können zur eigenen Orientierung genutzt werden. Daher schließt sich an die Methodenkompetenz die Orientierungskompetenz an. Sie umfasst vier Kernkompetenzbereiche:

Reorganisation des Geschichtsbewusstseins

Einmal die Fähigkeit und Bereitschaft – hier ist die explizite Erwähnung einer Bereitschaft sinnvoll – umzudenken, die neuen Einsichten aufzunehmen und anzuwenden. Das FUER-Modell spricht hier von einer „Reorganisation des Geschichtsbewusstseins". Beim zweiten Kernkompetenzbereich geht es um das Fremdverstehen, sowohl um das Verstehen des Fremden in der Gegenwart wie auch in der Vergangenheit. Beim dritten Bereich handelt es sich um das Gegenstück der Alteritätserfahrungen, nämlich um das Verstehen der eigenen Person, der Identität, die gerade auf dem Hintergrund der Vergangenheit oder gegenwärtiger Alteritätserfahrungen besser und tiefer verstanden werden kann. Der vierte Bereich beinhaltet die „Kompetenz zur Reflexion und Erweiterung der Handlungsdispositionen". Die Bedingungen und Möglichkeiten des eigenen Handelns sollen auf historische Erfahrungen bezogen werden, die als Vorbild oder als Regeln für das eigene Handeln dienen können.[51]

Diese drei Kompetenzen werden durch eine Sachkompetenz erweitert, die durch „Prinzipien/Konzepte/Kategorien/Scripts strukturiert" wird. Unter Prinzipien werden epistemologische Prinzipien wie Retrospektivität, Partikularität und Konstruktivität verstanden. Mit Konzepten sind z. B. historische Identität und Alterität, sowie Standort- und Gegenwartsgebundenheit gemeint. Bei den Kategorien handelt es sich um allgemeine Kategorien, die zur „Erklärung, Beschreibung und Strukturierung von Kontinuität und Wandel herangezogen werden". Skripts bezeichnen „kategoriale, begriffliche Bestimmungen von (forschungs-)methodischen" Verfahren. Als Ganzes wird die Sachkompetenz in eine Begriffs- und in eine Strukturierungskompetenz unterteilt. Die Begriffskompetenz umfasst die Kenntnis fachspezifischer Begriffe und dahinter stehender Konzepte, die Beherrschung der Fachsprache u. ä.; die Strukturierungskompetenz beinhaltet die Fähigkeit, bestimmte Domänen z. B. „theorie-, subjekts-, inhalts- und methodenbezogen" zu systematisieren und die dafür notwendigen Begriffe auf verschiedenen Abstraktionsniveaus einsetzen zu können. Allgemein wird noch festgestellt, dass die „Sachkompetenz nicht an bestimmte Inhalts- und Wissenskanones gebunden [ist] und diese auch nicht voraus[setzt]. [...] Orientierungsbedürfnisse und Fragestellungen entscheiden situationsabhängig darüber, was von Bedeutung ist." Auf der anderen Seite wird aber betont, dass die Kenntnis konventionalisierter Begriffe und Kategorien im gewissen Rahmen durchaus notwendig sei. „Zumindest eine Auswahl sollte man also kennen, anwenden, evaluieren, auch relativieren können, wenn man historisch denken will."[52] Diese Auswahl wird allerdings nicht konkretisiert.

Für die Kompetenzen werden Niveaustufen mit entsprechenden Graduierungsparametern entwickelt. Formal werden fünf Niveaustufen unterschieden: ein „Nullniveau", ein „basales", ein „intermediäres", ein „elaboriertes" und ein „Maximalniveau", wobei die Rand- bzw. Extremniveaus infiniten Charakter haben, d. h. in der Realität nicht vorkommen. Praktisch handelt es sich also um drei Niveaustufen, die allgemein für jede Kompetenz angenommen werden. Zwischen ihnen liegen alle möglichen Zwischenstufen. Diese allgemeinen Niveaustufen werden in konkrete Graduierungsparameter übergeführt, wie dies am Beispiel des „Verfügens über Konventionen" aufgezeigt wird. Das basale Niveau wird als „a-konventionell" bezeichnet. Es besagt, dass die Kompetenz nur in Ansätzen entwickelt und ein systematisches Verfügen über Konventionen noch nicht möglich ist. Das intermediäre Niveau entspricht den Konventionen und wird daher als „konventionell" bezeichnet. Die Kompetenz beinhaltet auf dieser Niveauebene die konventionell üblichen „Kategorien, Konzepte, Operationen und Verfahren in der in der jeweiligen gesellschaftliche Gruppe üblichen Weise". Das elaborierte Niveau gilt als „trans-konventionell". Es zeichnet sich dadurch aus, dass die Konventionen einerseits beherrscht, andererseits aber auch korrigiert, abgeändert und durch neue ersetzt werden können.[53]

Sachkompetenz

Niveaustufen mit Graduierungsparametern

In einer tabellarischen Übersicht werden die „Merkmale zur Erfassung von Niveaustufen" für das Beispiel des Umgangs mit Konventionen zusammengestellt.

Merkmale zur
Erfassung von
Niveaustufen

Formale Logik der Niveaustufenunterschiede	Konkrete Logik der Niveauunterschiede	Charakteristik des Verfügungsgrades	Indikatoren, die auf die Niveaustufe verweisen	Formen der Überprüfung
„Maximalniveau				
elaboriert	trans-konventionell	Konventionen werden als solche thematisiert, beurteilt und ggf. überschritten	Eigenständigkeit der Argumentation, Plausibilität der Begründung, Einnahme einer Metaebene	nicht mit standardisierten Erwartungshorizonten prüfbar; es müssen Kriterien gefunden werden, um die neuen, eigenständigen Denkweisen zu erfassen
intermediär	konventionell	die in der eigenen Gruppe ausgehandelten Konventionen werden gekannt und in standardisierter Form genutzt	Kategorien, Prinzipien, Verfahrensweisen können in idealtypischer Ausprägung wiedergegeben und angewandt werden	tlw. mit standardisierten Aufgaben und Erwartungshorizonten konventioneller Form zu überprüfen; geeignete Operatoren müssen z. T. gefunden werden
basal	a-konventionell	keine Kenntnis der jeweiligen Konventionen und Standardisierungen	spontanes, nicht-systematisches, nicht auf Konventionen zurückgreifendes historisches Denken	standardisierte Aufgabenstellungen sind ungeeignet; Operatoren müssen erst noch gefunden werden
Nullniveau"[54]				

In einer weiteren Tabelle werden die Graduierungsparameter weiter differenziert: „Komplexität", „Reflektiertheit", „Reflexivität; Bewusstheitsgrad",

„Abstrakion", „Selbstständigkeit", „Transferweite; Variabilität" und „Schematisierung".[55]

Eine Beschreibung von Operatoren und Standards enthält das FUER-Modell nicht; ebenso keine Elemente eines Kompetenzentwicklungsmodells. Diese Beschränkung ist aus der Zielrichtung des Modells verständlich und berechtigt; bei seiner Anwendung im Geschichtsunterricht werden diese Erweiterungen aber notwendig sein.

Kein Kompetenz-entwicklungsmodell

Das FUER-Modell zeichnet sich durch eine intensive theoretische Reflexion aus; eine beeindruckende Intelligenz ist in die knapp 900 Seiten eingeflossen, in denen es dargestellt wird. Es ist noch nicht abgeschlossen; u. a. wird an seiner Anwendbarkeit für die Schule gearbeitet.

Kritik des FUER-Modells

Die ersten drei Kompetenzen werden konsequent und folgerichtig aus der Logik des historischen Erkenntnisprozesses hergeleitet; aus der Unsicherheit des Fragens wird zu einer methodisch gewonnenen Erkenntnis übergeleitet, die dann der Orientierung dient – sowohl für das Geschichts- wie auch für das Selbstverständnis. Die Methoden- und die Orientierungskompetenz sind fraglos fachspezifische Kompetenzen; aber gilt dies auch für die Fragekompetenz? „Ohne historische Frage keine Geschichte", schreibt Waltraud Schreiber.[56] Das ist gewiss richtig; aber genauso richtig ist, dass es ohne das naturwissenschaftliche Fragen auch keine Naturwissenschaft gäbe. Fragen werden in allen Wissenschaften gestellt; sie bilden überall den Ausgangspunkt des Erkenntnisprozesses; das ist nichts genuin Historisches. Wenn die Fragekompetenz fachspezifisch sein soll, dann müsste deutlich gemacht werden, worin das Fachspezifische des historischen Fragens oder der historischen Frage besteht. Gibt es bestimmte Formen des Fragens, die spezifisch historisch sind? Aus der Natur der Geschichte lassen sich solche spezifischen Fragen sicherlich herleiten und begründen; Fragen nach der Perspektivität oder nach der Rekonstruktion könnten solche sein. Aber sind das Kategorien einer eigenen Fragekompetenz oder sind sie nicht vielmehr Derivate und Teil der Sache, die eben zu bestimmten Fragen veranlasst, also Teil einer Sach- oder Theoriekompetenz? Diese Frage wäre besser zu beantworten, wenn zur Fragekompetenz eine Domäne beschrieben würde, auf die sie sich bezieht.

Problematik der Fragekompetenz

Unter einer fehlenden Domänenbeschreibung leidet insbesondere auch die Darstellung der Sachkompetenz, die z. T. hoch abstrakt und wenig handhabbar ist. Auch kehren Beschreibungen, die bei der Orientierungskompetenz verortet waren, unverändert bei der Sachkompetenz wieder. Das trägt nicht zur Klarheit bei. Gerade für die Anwendung in der Schule bedarf es einer hinreichend präzisen und umfassenden Beschreibung der Domänen, die durch die jeweiligen Kompetenzen erfasst werden sollen. Trotz der kritisierten Abstraktheit der Beschreibung bleibt die Tendenz der Beschreibung aber richtig: Es kann sich bei der Kompetenzorientierung nicht darum handeln, eine Fülle inhaltlicher Details oder gar einen Inhaltskanon anzugeben – damit wäre man in die Lernziel- oder gar in die Stofforientierung zurückgekehrt –, sondern die Beschreibung auf der Allgemeinheit der Begriffsebene zu lassen, da dies die Kompetenz im Gegensatz zur Performanz erfordert. Ob man aber gänzlich

Hochabstrakte, aber richtige Beschreibung der Sachkompetenz

ohne Inhalte und Sachwissen auskommt, darf bezweifelt werden. Dieses Wissen bedarf aber seinerseits einer hinreichenden Allgemeinheit, um die Rolle eines begrifflichen Wissens erfüllen zu können. Ein solches Wissen ist kategorialer oder typologischer Natur.

Umfassender konstruktivistischer Ansatz

Uneingeschränktes Lob verdient der konstruktivistische Ansatz des Kompetenzmodells, der in seiner umfassenden methodischen Bedeutung erkannt wird. Die Autoren des Modells betonen zu Recht, dass es sich dabei nicht um einen Ansatz neben anderen handelt, sondern dass dieser Ansatz in der Natur der menschlichen Erkenntnis verankert ist und damit universelle Gültigkeit für jede Erkenntnis und für jede Wissenschaft hat. Damit stellt sich aber auch hier die Frage nach der Fachspezifik dieses Ansatzes. Sie zu beantworten gelingt den Autoren mit dem Hinweis auf die besondere Natur des historischen Gegenstands, der eben nicht als Sache vorliegt, sondern erst durch einen aufwändigen Prozess der Rekonstruktion hergestellt werden muss.

Konstruktion von Wirklichkeit

Allerdings liegt gerade im Verständnis des Konstruktionsgedankens ein gravierendes und folgenreiches Missverständnis vor, das das Kompetenzmodell mit der narrativistischen Geschichtstheorie teilt: Es versteht Konstruktion nur als Konstruktion von Sinn und bleibt damit auf der Ebene der Hermeneutik stehen. Tatsächlich wird aber im Erkenntnisprozess nicht nur Sinn, sondern auch und vor allem Wirklichkeit konstruiert.[57] Gerade die Konstruktion von Wirklichkeit ist für das Geschichtsverständnis von eminenter Bedeutung, denn sie erlaubt das Verständnis nicht nur eines anderen Sinnes, sondern auch einer anderen Wirklichkeit. Die Andersartigkeit z. B. der mittelalterlichen Welt, Chinas oder sogenannter primitiver Kulturen besteht eben nicht nur darin, dass sie in einer anderen Sinnhaftigkeit, sondern vor allem darin, dass sie in einer anderen Wirklichkeit leben. Diese andere Wirklichkeit bildet ja erst die Voraussetzung für die andere Sinnhaftigkeit. In diesem Sinne sind all die Aussagen zu korrigieren und zu erweitern, die lediglich von Sinnbildung sprechen. Die narrativistische Geschichtstheorie und das FUER-Modell bleiben hier nicht nur hinter der konstruktivistischen Erkenntnistheorie, sondern auch hinter der Wissenschaftlichkeit auf der bloßen Sinnebene der Hermeneutik und des literarischen Verständnisses zurück.

Tiefenstrukturanalyse

Dieses erkenntnistheoretische Missverständnis wirkt sich auch auf das andere Element der Methodenkompetenz, die Dekonstruktion, aus. Auch hier geht es nicht um die Dekonstruktion von Sinn, sondern um die Dekonstruktion von Wirklichkeit. Welchen Sinn soll eine Dekonstruktion von Sinn haben? Wenn man Sinn dekonstruiert, bleibt Unsinn, Nicht-Sinn, Sinnlosigkeit übrig. Damit kann man nichts verstehen; eine solche Dekonstruktion führt nicht nur die zu dekonstruierende Sache, sondern auch sich selbst in die Sinnlosigkeit. Die narrativistische Geschichtstheorie und das FUER-Modell verstehen unter Dekonstruktion nicht diese - erkenntnistheoretisch berechtigte, aber sinnlose – radikale Dekonstruktion von Sinn, sondern eine Aufdeckung der Voraussetzungen der jeweiligen Sinnbildung. Das ist sinnvoll und dagegen ist nichts einzuwenden – außer eben, dass es sich hierbei nicht um eine Dekonstruktion, sondern um eine Analyse handelt, um eine Analyse einer Tiefenstruktur einer Geschichtsdarstellung.

Die Orientierungskompetenz des FUER-Modells verdient uneingeschränkte Anerkennung; sie formuliert mit der Identitätsbildung, der Alteritätserfahrung und der Handlungskompetenz die zentralen Elemente von Geschichtswissenschaft und Geschichtsunterricht, die beiden Sinn und Bedeutung verleihen. Sie dürfte für die Schule die zentrale Kompetenz und das Zentrum des kompetenzorientierten Unterrichts darstellen, wie es der Hamburger Rahmenplan zu Recht formuliert hat.

Ebenfalls hilfreich sind die Beschreibungen der Niveaustufen – auch wenn sie in der allgemeinen Beschreibung „basal", „intermediär" usw. nur formalen Charakter haben. Sie werden in der Anwendung auf eine konkrete Kompetenz durchweg in der Allgemeinheit formuliert, die der begrifflichen Natur der Kompetenz entspricht. Sie verlieren sich an keiner Stelle in die Einzelheiten der Performanzebene.

Was dem FUER-Modell noch fehlt, sind Kompetenzbeschreibungen, die den inneren Aufbau und damit die sukzessive logische Entwicklung der Kompetenz deutlich machen, die man von der lerntheoretischen und entwicklungspsychologischen Entwicklung unterscheiden muss. Hierzu wäre notwendig, dass zu den Kompetenzen die jeweiligen Domänen hinzugefügt und die entsprechenden Niveauebenen kompetenzspezifisch konkretisiert werden. Dadurch erhielte die Kompetenz eine ihr spezifische Struktur, die dann die Bezeichnung Kompetenzstrukturmodell rechtfertigen würde. Im FUER-Modell wird mit Kompetenzstruktur das Zusammenspiel und Zusammenwirken der zentralen Kompetenzen bezeichnet, nicht aber die Struktur der einzelnen Kompetenz; daher würde man besser von einem Kompetenzkonfigurationsmodell sprechen, da es auf die Gesamtgestaltung, das Arrangement der Kompetenzen abzielt, nicht auf die innere Struktur der einzelnen Kompetenzen.

Bei aller Kritik am FUER-Modell muss anerkannt werden, dass es Maßstäbe in der Beschreibung von Kompetenzen gesetzt hat, hinter die kein Kompetenzmodell mehr zurückgehen kann. Dazu gehören die Konfigurierung der Kompetenzen, ihre Reduktion auf wenige Kernkompetenzen, die Herausarbeitung von Niveaustufen und das Wissen, dass Kompetenzen auf einem allgemeinen Niveau, nicht auf dem Niveau konkreter Ereignisse, der Performanzebene, beschrieben werden müssen. So hat das FUER-Modell wichtige Pionierarbeit geleistet und darf als der klassische Prototyp eines Kompetenzmodells bezeichnet werden.

5.3.2 Das Kompetenzmodell von Hans-Jürgen Pandel[58]

Hans-Jürgen Pandels Modell besticht durch seine klare Logik in der Auswahl der Kompetenzen und die konsequente Fixierung der Bildungsstandards auf Kompetenzen. Ähnlich wie das FUER-Modell leitet auch dieses Modell die notwendigen Kompetenzen aus der Logik des historischen Erkenntnisprozesses ab, was aber nicht verhindert, dass es zu einem anderen Resultat kommt

Marginalien:

Gelungene Beschreibung der Orientierungskompetenz ...

... und der Niveaustufen

Kompetenzkonfigurationsmodell

FUER-Modell als Prototyp und Maßstab für Kompetenzmodelle

Klare Logik und konsequente Kompetenzorientierung

als das Modell der FUER-Gruppe. Am Anfang steht eine Gattungskompetenz, die sich auf die Quellengrundlage der historischen Erkenntnis bezieht. Diese Quellen müssen in der richtigen Weise interpretiert und verstanden werden; daher schließt sich folgerichtig die Interpretationskompetenz an, die dann zur Darstellung der Ergebnisse eine narrative Kompetenz erfordern. Am Ende folgt eine geschichtskulturelle Kompetenz, die den rechten Umgang mit den historischen Narrationen und den sonstigen Verarbeitungsweisen von Geschichte beinhaltet. Damit ist die Logik des historischen Erkenntnisprozesses an sein praktisches Ende gekommen.

Gattungskompetenz

> Die „Gattungskompetenz [...] verlangt, dass Schülerinnen und Schüler mit den verschiedenen Textgattungen umgehen können, die sich mit dem Themenbereich Geschichte befassen und diese auf ihren Aussagewert hin bewerten und sie gattungsmäßig korrekt gebrauchen können. Der Gattungskompetenz geht es um Klios Medien, in denen sich das kulturelle Gedächtnis ‚auslagert' (Assmann). Ihr liegt das Wirklichkeitsbewusstsein des Geschichtsbewusstseins zugrunde."[59]

„Textgattung" steht hier stellvertretend für „Quellengattung", wie Pandel in einer Anmerkung klarstellt. Es geht also darum, dass Schülerinnen und Schüler Quellen in ihrer Eigenart erkennen und sie auf ihren Aussagewert hin einschätzen können. Damit soll Fehlinterpretationen vorgebeugt werden, die auf dem Verkennen der Quellenart beruhen, z. B. wenn man eine Inschrift für eine narrative Darstellung von Geschichte hält. In diesem Falle würde man den Aussagewert der Inschrift anders beurteilen als dann, wenn einem die Eigenart der Gattung „Inschriften" bewusst wäre. „Ohne Kenntnis der Gattung verliert eine Darstellungsweise ihren Wert für das Geschichtsbewusstsein."[60]

Interpretations-kompetenz

Die Interpretationskompetenz „besteht in der Fähigkeit, aus diesen Gattungen historisches Wissen und historischen Sinn zu entnehmen."[61] Sie umfasst auch die Fähigkeit der „Rekonstruktion von uns fremd gewordenen Welt- und Menschenbildern."[62] Die Fähigkeit zur Rekonstruktion, die im FUER-Modell als Methodenkompetenz behandelt wurde, wird hier der Interpretationskompetenz zugerechnet. Ihr Gegenstück, die Dekonstruktion, kommt bei Pandel nicht vor. Die Interpretationskompetenz umfasst zwei Stufen: die Quelleninterpretation und die Geschichtsinterpretation. Unter Quelleninterpretation fasst Pandel den methodischen Umgang mit Quellen, also die Quelleninterpretation im klassischen Sinne, sowie ein angemessenes Bewusstsein für die Historizität der Sprache mit ihren begrifflichen Bedeutungswandlungen. „Mein schönes Fräulein, darf ich's wagen" ... „Bin weder Fräulein weder schön", wie es in Goethes Faust heißt, wäre ein Beispiel eines solchen Begriffswandels, den man kennen muss, um die Textstelle richtig zu verstehen. Mit Geschichtsinterpretation dagegen ist die Darstellung von Geschichte und ihre permanente Uminterpretation gemeint, die aus den unterschiedlichen Interessen und Perspektiven einer anderen Zeit hervorgeht und daher zum selbstverständlichen Bestandteil einer Geschichtskultur gehört. Hier zielt die Kompetenz auf ein Erkennen der Erzählweise der Darstellung ab: Will die Darstellung die traditionell bekannte Geschichte fortschreiben? Handelt es sich um traditionskritisches Erzählen? Oder hat sie eine kulturerweiternde

Geschichtsinterpretation

Funktion? Die Kompetenz umfasst auch eine metanarrative Fähigkeit, die es ermöglichen soll, sich in der „Fülle der Sinnbildungsangebote zurechtzufinden. Sie ist eine Beurteilungsfähigkeit, die uns erkennen lässt, was an diesen Texten triftig, was neu, was überzeugend ist."[63] Es wird deutlich: Wir bewegen uns auch bei Pandel auf dem Feld der narrativistischen Geschichtstheorie. Ein weiterer Aspekt der Kompetenz besteht in der Fähigkeit, die Perspektive einer Darstellung zu erkennen. Aus welchem Blickwinkel ist eine Darstellung geschrieben? Will der Autor eine Sichtweise verteidigen, korrigieren oder gar vernichten? Und zum Dritten umfasst die Kompetenz die Fähigkeit, die in Darstellungen bewusst oder unbewusst involvierten Theorien zu identifizieren und zu beurteilen. Eine Geschichtsdarstellung sieht z. B. auf dem Hintergrund einer psychoanalytischen Theorie anders aus als auf der einer sozialwissenschaftlichen. Pandel führt vier Arten des Theoriegebrauchs an:

- „implizite Theorien": sie liegen einer Darstellung zugrunde, ohne dem Autor oder den Autoren bewusst zu sein
- „perspektivische Paradigmen": hier handelt es sich um bewusste Theorien, die aber nur eine begrenzte Reichweite haben und nur Segmente der Wirklichkeit beleuchten wie z. B. die feministische Theorie mit ihrem weltgeschichtlichen Bezug oder die Modernisierungstheorie im Hinblick auf die Neuzeit
- „Hauptparadigmen": sie stellen explizite Theorien dar, die die Wirklichkeit als Ganzes erfassen wollen; ihnen liegen bestimmte Welt- und Menschenbilder zugrunde wie z. B. dem Marxismus, der Psychoanalyse u. a.
- „Schwätzertheorien": sie beanspruchen eine theoretische Basis, die aber nicht konsistent vorhanden ist; sie vermischen unterschiedliche Theorieversatzstücke.[64]

Vier Arten des Theoriegebrauchs

Die narrative Kompetenz „ist die Fähigkeit, aus zeitdifferenten Ereignissen durch Sinnbildung eine Geschichte herzustellen."[65] Pandel kritisiert am Geschichtsunterricht, dass die Schülerinnen und Schüler nicht vorbereitet werden, Geschichte als Verlaufsprozess darzustellen, und verlangt, dass diese Fähigkeit eingeübt werden muss. „Es genügt nicht, Fragen zum Bauernkrieg zu stellen, sondern der Bauernkrieg muss erzählt werden können."[66] Durch das eigene Erzählen sollen die Schülerinnen und Schüler in die Lage versetzt werden, sich mit anderen Erzählungen auseinanderzusetzen. Die Erzählungen sollen über ihre gedanklichen und theoretischen Grundlagen Aufschluss geben und müssen dazu auch diskursive Elemente enthalten. Ihnen liegen gemäß der narrativistischen Geschichtstheorie Sinnbildungsmuster zugrunde, von denen Pandel aber einräumt, dass sie in der Schule nur begrenzt anwendbar seien, da Schülerinnen und Schüler sich in ihnen nicht wiedererkennen. Die narrative Kompetenz umschließt für Pandel sechs Fähigkeiten:

Narrative Kompetenz auch für Schülerinnen und Schüler

- „Faktualitätgrade angeben; Sicherung empirischer Triftigkeit". Das betrifft die Angabe, ob etwas „sicher", „belegt", „gewiss", „vermutlich", „wahrscheinlich" usw. ist.

Sechs Fähigkeiten der narrativen Kompetenz

- „Erzählen als sinnbildende Tätigkeit: Selektive und konjunktive Funktion von Sinn", d. h. Ereignisse müssen ausgewählt und miteinander verbunden werden.
- „Syntaktische und semantische Kohärenz herstellen". Ereignisse können z. B. additiv, temporal, kausal, konditional usw. verbunden werden, Inhalte referenzidentisch, relational usw.
- „Wahrung von Sukzession und das Problem von Synchronie und Diachronie". „Zeitgleiche Ereignisse können nur nacheinander dargestellt werden; Zeiten verschiedener Dauer."
- „Formale und inhaltliche Erzähltypen benutzen". Formale Erzähltypen wären „genetisch, telisch, zyklisch, etc.", inhaltliche Erzählformen z. B. „Aufstiege, Abstiege, Untergänge, Katastrophen, Karrieren, Zusammenbrüche etc."
- „Verknüpfung narrativer und diskursiver Elemente". D. h. die Darstellung wird theoretisch gestützt und erläutert.[67]

Geschichtskulturelle Kompetenz

Schülerinnen und Schüler erfahren und erleben Geschichte nicht nur in der Schule, sondern weit mehr noch in ihrer Lebenswelt. Daher fordert Pandel noch eine geschichtskulturelle Kompetenz, die die Schülerinnen und Schüler befähigt, „sich in solchen geschichtskulturellen Sinndeutungen auszukennen, die teils der Logik und Rationalität der Wissenschaften und teils der imaginativen und rhetorischen Logik folgen."[68] Er wirft dem Geschichtsunterricht und auch den bislang (2007) vorgelegten Bildungsstandards vor, zur Entwicklung einer solchen geschichtskulturellen Kompetenz keinen Beitrag zu leisten, ja, sie geradezu zu verhindern.[69]

Möglichkeiten zur Entwicklung von Niveaustufen

Niveaustufen zu den Kompetenzen entwickelt Pandel nicht, macht sich aber Gedanken, wie sie entwickelt werden könnten. Er nennt dazu drei Möglichkeiten: Einmal könnten sie sich an der psychologisch-anthropologischen Entwicklung der Schülerinnen und Schüler orientieren, zum anderen an der Geschichte, d. h. an der Chronologie und der Logik historischen Denkens. Beide Möglichkeiten verwirft er. Die erste, weil es solche Entwicklungsstufen nicht lupenrein gibt und sie sich obendrein asynchron entwickeln. Selbst wenn sie formulierbar wären, könnte man sie daher nicht bestimmten Jahrgangsstufen zuordnen. Die Orientierung an der Chronologie der Geschichte lehnt er ab, weil Geschichte nicht zunehmend schwieriger wird, wie nach Pandels Ansicht manche Didaktiker und Lehrplanmacher glauben. „[...] die alte Geschichte ist nicht leichter als die neuere." Und die Entwicklung des historischen Denkens eignet sich ebenfalls nicht zur Formulierung von Niveaustufen, weil für sie das gleiche Argument gilt wie für die psychologisch-anthropologische Entwicklung: solche Stufen entwickeln sich asynchron.

> „Darüber hinaus gibt es in der Geschichte keine innere Logik wie bei der Mathematik, Geschichte ist geradezu das Fach par excellence, dessen Aufgabe es ist, Kontingenzerfahrungen zu verarbeiten, der Zufälligkeit von Ereignissen Sinn zu geben. Es gibt keine Gesetze der Geschichte."[70]

Somit bleibt ihm nur eine dritte Möglichkeit, die Formulierung von Niveaustufen an die Aufgabenstellung zu binden. Dazu müsste man erforschen, welche Aufgaben im welchem Alter bewältigt werden können. Da dazu aber noch keine Untersuchungen vorliegen, scheint es Pandel sinnvoll, sich zunächst an die Vorgaben der „Einheitlichen Prüfungsanforderungen in der Abiturprüfung" zu halten, die wie der Basisoperatorenkatalog drei Anforderungsbereiche vorsehen:

> „Anforderungsbereich I umfasst das Wiedergeben von Sachverhalten aus einem abgegrenzten Gebiet und im gelernten Zusammenhang unter rein reproduktivem Benutzen geübter Arbeitstechniken (Reproduktion).
>
> Anforderungsbereich II umfasst das selbstständige Erklären, Bearbeiten und Ordnen bekannter Inhalte und das angemessene Anwenden gelernter Inhalte und Methoden auf andere Sachverhalte (Reorganisation und Transfer).
>
> Anforderungsbereich III umfasst den reflexiven Umgang mit neuen Problemstellungen, den eingesetzten Methoden und gewonnenen Erkenntnissen, um zu eigenständigen Begründungen, Folgerungen, Deutungen und Wertungen zu gelangen (Reflexion und Problemlösung).
>
> Kürzer ausgedrückt: Der erste Anforderungsbereich erfordert eine reproduktive, der zweite eine analytische und der dritte eine evaluative Leistung. Verkürzt sieht das dann für eine Quelleninterpretation folgendermaßen aus:
>
> Interpretieren Sie beiliegende Quelle.
> Geben Sie die Thesen des Autors wieder (Anforderungsbereich I).
> Beschreiben Sie den historischen Kontext der Quelle (Anforderungsbereich II).
> Bewerten Sie die Vorstellung des Autors (Anforderungsbereich III).
>
> Ein solches Konzept hat für Abiturprüfungen eine bestimmte Plausibilität für sich."[71]

Niveaustufenbeschreibungen

Pandels Kompetenzmodell überzeugt in der Herleitung der vier Kompetenzen aus der Logik des historischen Erkenntnisprozesses und dem Orientierungsbedürfnis der Schülerinnen und Schüler. Überzeugend wird die Gattungskompetenz dargestellt; sie ist schulgerecht und lässt sich sinnvoll in einem Lernprozess aufbauen. Als echtes Desiderat für den Geschichtsunterricht erscheint die kulturelle Kompetenz, der zu Recht eine Orientierungsfunktion für die Schülerinnen und Schüler beigemessen wird. Problematisch wird es aber bei der inhaltlichen Füllung der beiden mittleren Kompetenzen, der Interpretationskompetenz und der narrativen Kompetenz. Die Interpretationskompetenz in ihrer Variante der Geschichtsinterpretation ist zu abstrakt und zu schülerfern. Welchen für ihn relevanten Erkenntnisgewinn hat ein Schüler, wenn er erkennt, dass eine Darstellung traditionell, traditionskritisch oder kulturerweiternd ist? Das sind Bewertungen auf einer Metaebene, die bestenfalls in der Kursstufe von Belang sein können. Ähnliches gilt für die Sinnbildungsmuster. Sie sind Bestandteil einer Geschichtstheorie, die man den Schülerinnen und Schülern erst nahebringen und mit ihnen reflektieren müsste. Ihre Problematik haben wir schon beim FUER-Modell besprochen. Und wie sollen Schülerinnen und Schüler im- und explizite Theorien erkennen, wenn man sie nicht vorher mit ihnen besprochen hat? Auch das ist wiederum bestenfalls ein Anspruch für die Kursstufe.

Kritik des Kompetenzmodells

Überzeugende Gattungs- und kulturelle Kompetenz

Zu hohe und zu schüler-
ferne Ansprüche bei
Interpretations- und
narrativer Kompetenz

Noch schüler- und realitätsferner werden die Ansprüche, die mit der narrativen Kompetenz verbunden werden. Kann man von Schülerinnen und Schüler verlangen, dass sie eine komplexe Geschichtsentwicklung narrativ darstellen können? Auch hier müssten sie mindestens mit der Theorie der Narration bekannt sein und über gründliche, das Schulniveau übersteigende Fachkenntnisse verfügen. Und was sollen sie darstellen? Eine bestimmte Thematik? Warum dann gerade diese? Die Inhalte des Geschichtsunterrichts? Gleichgültig, wie man diese Frage beantwortet, sie stellt in jedem Falle eine Überforderung dar. Selbst Geschichtslehrer und Geschichtslehrerinnen wären ohne intensive Einarbeitung und Vorbereitung damit überfordert. Vor allem aber entspricht eine solche Zielsetzung nicht der Intention des Geschichtsunterrichts, der allgemeinbildend ist, d. h. in erster Linie der Orientierung, dem Selbstverständnis der Schülerinnen und Schüler dient, nicht aber der Ausbildung einer Fachkompetenz, die auf diesem Niveau einem Universitätslehrer zur Ehre gereicht.

Pragmatische Herleitung
der Niveaustufen

Bei der Begründung der Niveaustufen folgt Pandel in Ermangelung einer besseren Möglichkeit dem pragmatischen Weg, den auch ich vorgeschlagen habe. Seiner Ablehnung der Herleitung der Niveaustufen aus psychologisch-anthropologischen Entwicklungsstufen kann man zustimmen. Die genannten Gründe überzeugen. Ebenso hat er Recht, wenn er in Abrede stellt, dass die Geschichtsentwicklung selbst immer höhere Niveaustufen des Verständnisses verlange, dass also die alte Geschichte einfacher als das Mittelalter und dieses wiederum einfacher als die Neuzeit zu verstehen sei; das ist in der Tat Unsinn. Dem Verdikt aber, dass die Geschichte keine innere Logik kennt und als Kontingenzmasse par excellence anzusehen ist, muss man nicht zustimmen. Hierin kommt ein bestimmtes Geschichtsbild zum Tragen, das auf eine unzureichende inhaltliche und theoretische Durchdringung von Geschichte hindeutet.

Niveaustufen
gehören zur Kompetenz

Zustimmen kann man Pandel, dass Niveaustufen aus der Bewältigung von Aufgaben hergeleitet werden können. Viel wichtiger wäre aber zu erkennen, dass solche Ableitungen gar nicht notwendig sind; denn die Niveaustufen einer Kompetenz gehören weder einer psychologisch-anthropologischen Entwicklung noch einer Logik der Geschichte an, sondern sind Bestandteil der Kompetenz; d. h. es handelt sich um sach- und fachliche Stufen im Umgang mit Geschichte. Darauf weisen die formalen Graduierungen unmissverständlich hin; denn „basal", „intermediär", „elaboriert" oder „niedrig", „mittel", „hoch" sind keine Beschreibungen, die man auf eine psychologisch-anthropologische oder eine historische Entwicklung anwenden kann, sondern nur auf die Kompetenz im Umgang mit ihnen.

Kein Kompetenz-
entwicklungsmodell

Bleibt zum Abschluss noch festzustellen, dass auch Pandels Kompetenzmodell keine Elemente eines Kompetenzentwicklungsmodells enthält, also auch von dieser Seite eine Modifikation bzw. Erweiterung benötigt, wenn es in der Schule Anwendung finden soll. Auch hier wären Domänenbeschreibungen zum Verständnis und zur Entwicklung der Kompetenzen hilfreich.

5.3.3 Das Kompetenzmodell des Verbands der Geschichtslehrer Deutschlands (VGD)

Das Kompetenzmodell des Verbands der Geschichtslehrer Deutschlands ist das älteste der drei besprochenen Modelle. Es wurde 2006 veröffentlicht. Es unterscheidet drei Kompetenzbereiche: eine Sachkompetenz, eine Deutungs- und Reflexionskompetenz und eine Medien-Methoden-Kompetenz. Zur Begründung, warum gerade diese drei Kompetenzen ausgewählt werden, wird auf die „geschichtsdidaktische Diskussion" verwiesen, an der sich das Modell orientiere, ohne dies näher zu präzisieren. Das Modell wird also nicht aus einer übergeordneten Zielsetzung hergeleitet, sondern orientiert sich am traditionellen Geschichtsunterricht, in dem man eben über Geschichte nachdenkt und sich dabei bestimmter Methoden und Medien bedient.

Geschichtsdidaktische Diskussion als Auswahlprinzip der Kompetenzen

Die Sachkompetenz wird in „themenbezogene Sachkompetenz" und „Orientierung in der Geschichte" unterteilt.

Sachkompetenz

> Die erste „bezieht sich auf die im Geschichtsunterricht übliche Behandlung einzelner historischer Themen, in der Regel als Epochenquerschnitt."[72] Wichtig ist es den Autoren, „möglichst präzise zu beschreiben, welche Kenntnisse, Erkenntnisse und Einsichten Schülerinnen und Schüler beim jeweiligen Thema gewinnen sollen, und darüber zu reflektieren, welchen Stellenwert dieses Thema im weiteren Kontext der historischen Bildung hat. Kurz gesagt: Kompetenzorientierung bedeutet auch, intensiver auf kategorialer Ebene über die Auswahl und Begründung von Themen nachzudenken."[73]

Die themenbezogene Sachkompetenz umfasst darüber hinaus ein bestimmtes Grundwissen an Daten, Namen und Fachbegriffen. Orientierung in der Geschichte meint, dass die Schülerinnen und Schüler „ein chronologisches und räumliches Orientierungswissen besitzen, mit dessen Hilfe sie Einordnungen und Zusammenhänge erkennen können."[74] Sie sollen sich also im Sachgebiet der Geschichte orientieren können.

„Themenbezogene Sachkompetenz
  - wichtige Ereignisse, Entwicklungen und Strukturen in den jeweiligen Themengebieten kennen und beschreiben
  - Ursachen und Auswirkungen dieser Ereignisse und Prozesse kennen
  - themenbezogene Daten und Namen kennen sowie themenbezogene Fachbegriffe korrekt verwenden

Orientierung in der Geschichte
  - einzelne Großabschnitte der Geschichte zeitlich einordnen
  - historische Ereignisse und Prozesse adäquat benennen, zeitlich zueinander in Beziehung setzen und ihre Abfolge bestimmen
  - historische Ereignisse und Prozesse räumlich einordnen"[75]

**Deutungs- und
Reflexionskompetenz**

Die Deutungs- und Reflexionskompetenz

„führt von Grundeinsichten in die Struktur historischer Erkenntnis über den Umgang mit Begriffen und Untersuchungsverfahren bis hin zur Produktion eigener Deutungen und zur kritischen Analyse vorliegender Deutungen von Geschichte."[76]

Diese Kompetenz wird in eine Reihe weiterer Unterkompetenzen zerlegt, die in einem langfristigen Prozess von „einer allmählichen Anbahnung über eine Vertiefung zu einer möglichst freien Verfügung" entwickelt werden sollen. Innerhalb der Unterkompetenzen werden Progressionen formuliert.

„Deutungs- und Reflexionskompetenz
- Konstruktcharakter von Geschichte erkennen
- mit Perspektivität in der Geschichte umgehen
- Fremdverstehen leisten
- Veränderung in der Geschichte wahrnehmen
- Gegenwartsbezüge herstellen
- mit Dimensionen/Kategorien/Begriffen arbeiten
- Verfahren historischer Untersuchung beherrschen
- eigene Deutungen von Geschichte sprachlich adäquat umsetzen
- mit Darstellungen von Geschichte kritisch umgehen"[77]

**Medien-
Methoden-Kompetenz**

Die Medien-Methoden-Kompetenz „bezieht sich auf das herkömmliche ‚Methodenlernen'". Die Schülerinnen und Schüler sollen vor allem Quellen von Darstellungen unterscheiden und die Perspektivität von Quellen erkennen. Diese Kompetenz umfasst auch die Pandel'sche Gattungskompetenz, d. h. die Fähigkeit, Quellen nach ihrem Aussagewert zu unterscheiden und zu bewerten. Ebenso wird „die Organisation und Reflexion fachbezogener Lernprozesse und die Präsentation einschlägiger Ergebnisse"[78] dieser Kompetenz zugeordnet.

„Medien-Methoden-Kompetenz
- Quellen und Darstellungen unterscheiden
- die Perspektivität von Quellen wahrnehmen
- verschiedene Quellengattungen nach ihrem Aussagewert unterscheiden
- mit einzelnen Gattungen von Quellen und Darstellungen adäquat umgehen
- fachbezogene Lernprozesse für sich und mit anderen organisieren und reflektieren und deren Ergebnisse präsentieren"[79]

Die Kompetenzen werden für die einzelnen Doppeljahrgangsstufen präzisiert und ihnen zugeordnet. Diese Zuordnung wird mit „Kompetenzen und Standards" überschrieben, ohne dass beide begrifflich unterschieden und definiert werden. Unter „Sachkompetenz" werden bestimmte Befähigungen benannt und die Inhalte, die die Schülerinnen und Schüler beherrschen sollen, in chronologischer Abfolge angeführt. Für „Europa im frühen Mittelalter" sieht die Kompetenzbeschreibung so aus:

**Inhalte der
Sachkompetenz**

„Die Schülerinnen/Schüler können am Ende von Klasse 6

das Frankenreich als die bedeutendste und folgenreichste germanische Staatsgründung auf dem Boden des Römischen Reiches darstellen,

**Frankenreich
darstellen**

d. h. konkret: Sie können

- das Frankenreich als Begründung einer neuen Epoche (Mittelalter) einordnen in die Staatenwelt bzw. die Machtzentren nach dem Ende des Römischen Reiches,
- die Herrschaft der fränkischen Könige (Pippin, Karl d. Gr.) und ihre Legitimation in Grundzügen darstellen (u. a. Rolle der Kirche und des Papstes, Gottesgnadentum, Grundzüge der fränkischen Verwaltung),
- Karl den Gr. als Eroberer, Förderer von Kirche und Kultur und Begründer eines neuen Kaisertums mit dem Rückbezug auf Rom wahrnehmen und beurteilen.
- Das Selbstverständnis des Imperium Romanum und seine Übertragung auf Nachfolgereiche (Byzanz, Fränkisches Reich) erklären.

Die Konstituierung des Deutschen Reiches in der Ottonenzeit beschreiben, d. h. konkret: Sie können

Konstituierung des Deutschen Reiches beschreiben

- die Machtgrundlagen des ottonischen Königtums (Hausmacht, Reisekönigtum, Reichskirche) erläutern,
- die Gliederung des Reiches in Stammesherzogtümer, die in Gegensatz zum König treten konnten, als eine immanente Schwäche des Reiches erklären,
- das Lehnswesen im Rahmen der mittelalterlichen Agrargesellschaft mit seinen Funktionen für Reichsverwaltung und Reichssicherung erklären.

Die langfristig wirksamen Merkmale der Gesellschaft und Wirtschaft des mittelalterlichen Reiches nennen, d. h. konkret: Sie können

Langfristig wirksame Merkmale nennen

- die Agrargesellschaft des Mittelalters als eine Gesellschaft weitgehend ohne soziale und räumliche Mobilität beschreiben,
- die hierarchische Gliederung der politischen, gesellschaftlichen und ökonomischen Elite darstellen (‚Lehnspyramide'),
- begründen, weshalb Frauenbildung und Teilhabe an der Machtausübung nur in der gesellschaftlichen Elite möglich war,
- erläutern, dass im Wesentlichen allein die christliche Religion für alle Menschen galt und alltagsprägende Bedeutung hatte.

Die Schülerinnen und Schüler kennen folgende Daten: 768–814 Karl der Große, 800 Kaiserkrönung in Rom, 843 Vertrag von Verdun, 936-972 Otto d. Gr., 962 Kaiserkrönung Ottos I. in Rom: ‚Hl. Römisches Reich Deutscher Nation' (im Vorgriff nennen).

Daten

Sie können folgende Begriffe anwenden: Gottesgnadentum, Pfalz, Graf, Bischof, Kloster, Stammesherzog, Reisekönigtum, Reichsteilungen, Reichskirche, Lehnswesen, Herrschaft, Leibeigene

Begriffe

Sie kennen folgende Namen: Karl d. Gr., Otto d. Gr."[80]

Namen

Bei der Sachkompetenz werden keine Progressionen oder Niveaustufen angegeben, es sei denn, dass man in der quantitativen Zunahme des Wissen eine solche Progression sehen möchte. Sie finden sich aber bei den beiden anderen Kompetenzen – und zwar in der Standardschreibweise auf die Jahrgangsstufen verteilt; d. h. das Modell des VGD unterscheidet nicht zwischen Niveaustufen einer Kompetenz und Standards für die Schülerinnen und Schüler, sondern setzt beide gleich.

Sehen wir uns je zwei Befähigungen und ihre Progression aus den beiden anderen Kompetenzbereichen an.

Konstruktcharakter
von Geschichte

Deutungs- und Reflexionskompetenz[81]			
	Klasse 6	**Klasse 8**	**Klasse 10**
Konstruktcharakter von Geschichte erkennen	· erkennen, dass historische Kenntnisse aus Überlieferungen gewonnen werden, deren Aussagekraft begrenzt ist · erläutern, dass Überlieferungen aus der Vergangenheit in unterschiedlicher Weise ausgelegt werden können	· wie Klasse 6 plus · darlegen, dass „Geschichte" nicht an sich existiert, sondern erst durch die Auslegung von Überlieferungen aus der Vergangenheit entsteht	· wie Klasse 8 (allerdings wird der Operator „darlegen" durch „erläutern" ersetzt; auch gegenüber der Beschreibung der Klasse 6 wird ein Operator ausgetauscht: statt „erläutern" nun „darlegen")

In Klasse 6 wird der Konstruktionsbegriff nicht erkenntnistheoretisch, sondern methodisch-handwerklich verstanden, was der Altersstufe erfahrungsgemäß angemessen ist, auch wenn die Lernpsychologie solche Stufungen ablehnt. In Klasse 8 kommt die erkenntnistheoretische Konnotation hinzu. Problematisch ist dabei die Formulierung von der Existenz der „Geschichte an sich"; „an sich" existiert und wirkt die Geschichte schon, lediglich unser Wissen von ihr hängt von der Überlieferung und ihrer Auslegung ab. Hier wäre zu fragen, ob diese Problematik nicht auch für eine 8. Klasse verfrüht ist. Sie wäre besser in Klasse 10 verortet, wo sie immer noch genug Verständnisschwierigkeiten bereitet. Die Operatorenänderung in der Klasse 10 erschließt sich mir nicht; eine Progression kann damit nicht gemeint sein, sonst wäre sie in einem Falle rückläufig. Vielleicht handelt es sich um einen Druckfehler.

Mit Dimensionen,
Kategorien und
Begriffen arbeiten

Deutungs- und Reflexionskompetenz[82]			
	Klasse 6	**Klasse 8**	**Klasse 10**
mit Dimensionen, Kategorien, Begriffen arbeiten	· Dimensionen der Geschichte (Politik, Wirtschaft, Religion, Kultur, Arbeit, Technik, Alltag, Geschlecht) unterscheiden und ihnen einzelne Themen zuordnen · Kategorien zur Deutung und Wertung historischer Prozesse nennen und anwenden (Beispiele: Herrschafts- und Partizipationsformen im antiken Griechenland und in Rom)	wie Klasse 6 plus · zwischen historisch-zeitgenössischen und geschichtswissenschaftlich-analytischen Begriffen unterscheiden („Schwertleite", „Manufaktur" im Unterschied zu „Kolonialismus", „Modernisierung") und den Wandel von Begriffsbedeutungen nachvollziehen („Kaiser", „Regierung", „Staat")	wie Klasse 8

Hier werden die Niveaustufen nicht hinreichend differenziert; denn dass es bei einer so anspruchsvollen Kategorie wie „Deutung und Wertung historischer Prozesse" keine Niveaudifferenzierung zwischen Klasse 8 und 10 geben soll, überzeugt nicht. Auch der Unterschied zwischen Klasse 6 und 8 ist gering, so dass zwischen Klasse 6 und 10 nur die Differenz bestünde, zwischen „historisch-zeitgenössischen" und „geschichtswissenschaftlich-analytischen Begriffen" zu unterscheiden und die Änderung von Begriffsbedeutungen nachzuvollziehen. Das ist zu undifferenziert. Auch hat der erste Differenzierungspunkt keinen so erheblichen Erkenntniswert, dass man daran eine Niveaustufe festmachen könnte. Hier wird wiederum deutlich, dass man Kompetenzen und Niveaus nicht mit isolierten Einzelpunkten beschreiben darf. Ebenfalls sei daran erinnert, dass zur Kompetenzorientierung eine Reduktion der Inhalte auf Kern- und Leitideen gehört, da nur sie didaktisch und lernpsychologisch dem Geschichtsunterricht angemessen ist.

Zu geringe Differenzierung der Niveaustufen

Medien- und Methodenkompetenz[83]: „Textquellen erschließen"		
Klasse 6	**Klasse 8**	**Klasse 10**
· Quellen und Darstellungen voneinander unterscheiden, Textquellen orientierend lesen (für sie auf den ersten Blick Bedeutsames oder Unverständliches markieren) · Begriffe in einer Textquelle aus dem Textzusammenhang heraus klären und erklären · eine Textquelle nach Sinnabschnitten gliedern und diese Abschnitte mit passenden Überschriften versehen, · in einer Textquelle gezielt für eine gegebene Fragestellung besonders relevante Textstellen finden · den Inhalt einer Textquelle mit eigenen Worten wiedergeben	· die (bereits bekannte) Gattung einer Textquelle erkennen · das Thema einer Textquelle bestimmen · erkennen, in welcher zeitlichen Beziehung zum historischen Thema eine Textquelle steht und was der Verfasser über das historische Thema wissen konnte · selbstständig Fragen zu einer Textquelle formulieren · die Begriffe in einer Textquelle zeit- und situationsspezifisch verstehen und erklären · die Argumentationsstruktur einer Textquelle beschreiben und am Text belegen (z. B. Thesen, Urteile, Argumente, Intentionen, Belege, Kausalverknüpfungen, implizite Voraussetzungen, Auslassungen, Widersprüche) · die sprachlichen Mittel einer Textquelle untersuchen (z. B. Satzgestalt, Wortwahl, Begriffe, rhetorische Figuren) · eine Textquelle im Hinblick auf den Standpunkt des Autors, seine Interessen und Wirkungsabsichten analysieren	· explizit erläutern, dass Textquellen historische Geschehnisse stets aus einer bestimmten Perspektive darstellen · die spezifischen äußeren Merkmale verschiedener Gattungen von Textquellen benennen und sie in Hinblick auf ihren Quellenwert unterscheiden · Verknüpfungen mit dem historischen Kontext vornehmen und die Bedeutung einer Textquelle innerhalb dieses Kontextes erkennen · eine Textquelle mit anderen Quellen und Darstellungen zum jeweiligen historischen Thema vergleichen · eine selbstständige kritische Wertung einer Textquelle vornehmen, · anhand geeigneter Zusatzinformationen und -materialien die Wirkungs- und Rezeptionsgeschichte einer Textquelle untersuchen

Textquellen erschließen

Kartenarbeit in
Standardschreibweise

Medien- und Methodenkompetenz: Kartenarbeit[84]		
Klasse 6	**Klasse 8**	**Klasse 10**
· Bausteine von Geschichtskarten beschreiben und mit ihnen umgehen (Titel, Legende, Signaturen), · gängige Kartensymbole benennen (Punkte als Orte, Linien als Verkehrswege, Pfeile als Einflussbewegungen u. a.) · Informationen aus Karten zur antiken Geschichte entnehmen (antike Städte und Landschaften benennen, geografische Rahmenbedingungen beschreiben, Machtbereiche benennen u. a.) · orientierende Raumvorstellungen zur antiken Geschichte präsentieren (Ausdehnung der griechischen Kolonisation, Größenverhältnis Griechenland/Persien, Ausdehnung des römischen Weltreichs zur Zeit des Augustus)	· bei der Bezeichnung von Räumen, Orten etc. erklären, dass unterschiedliche Schriftarten auch unterschiedliche Bedeutungen haben (z. B. Großbuchstaben = Staaten, Kleinbuchstaben = Teilgebiete) · dargestellte Räume anhand der Beschriftung adäquat benennen · erklären, dass Linien sowohl historisch vorhandene Objekte (z. B. Straßen) wie auch Vorgestelltes (z. B. Grenzen) bezeichnen können · darlegen, dass Atlanten und Schulbücher ein Farbleitsystem für die Darstellung bestimmter Länder haben, und dieses nutzen können · unterschiedliche Geschichtskarten, die dasselbe Thema für verschiedene Zeiten behandeln, vergleichen und systematisch Unterschiede und Entwicklungen benennen · aus Geschichtskarten ausgewählte Informationen in Form einer Tabelle, einer Zeittafel, einer Kartenskizze, einer Strukturskizze oder eines Textes entnehmen · die Bedeutung von Symbolen auf historischen Karten erschließen · die Maßstäbe auf historischen Karten in heutige Maße umrechnen · aus historischen Karten auf die geografischen Kenntnisse und Raumerfahrungen der Zeitgenossen schließen · die Darstellungsabsichten des Zeichners oder Auftraggebers von historischen Karten erschließen	· historische Karten von Geschichtskarten unterscheiden · gezielt beliebige einzelne Informationen/Informationsschichten aus Geschichtskarten entnehmen · ein Frageraster erstellen, mit dem sie von sich aus Geschichtskarten untersuchen können · von sich aus themenbezogene Fragen an Geschichtskarten stellen · einzelne Darstellungselemente auf Geschichtskarten kritisch im Hinblick auf ihre intendierte Wirkung untersuchen · sich orientierende Raumvorstellungen (mental maps) zu wichtigen historischen Situationen und Themen (z. B. Deutschland von 1815 bis heute) aneignen und diese in Form von Kartenskizzen realisieren · Darstellungen auf Geschichtskarten interpretieren und bewerten

Besprechen wir zunächst die Darstellung der Textarbeit. Die Routine auf diesem Gebiet, die der bisherige Geschichtsunterricht bewirkt hat, macht sich in diesen Niveaubeschreibungen bemerkbar, denn hier werden hinreichend Niveaus mit einer hinreichenden Differenzierung beschrieben. Streiten könnte man nur, ob der jeweilige Punkt zu dem vorgeschlagenen Niveau passt oder besser bei einem anderen eingeordnet werden sollte. So dürfte z. B. ein Achtklässler damit überfordert sein, herauszufinden, was ein Verfasser einer Narration über das jeweilige historische Thema wissen konnte – dazu bedürfte es einer wissenschaftlichen Untersuchung; auf der anderen Seite ist die Kenntnis von Gattungsmerkmalen nicht unbedingt in der obersten Niveaustufe anzusiedeln, sondern gehört in den Bereich der Reproduktion.

Hinreichende Differenzierung der Textarbeit

Bei der Darstellung der Kartenarbeit finden wir die Probleme wieder, die wir an anderer Stelle bereits besprochen haben. Daher sei der Leser hier zum Vergleich auf unsere Darstellung der Kompetenz Kartenarbeit in der Form des Strukturgitters verwiesen, wo explizit die Domäne, die Niveaustufen und die Operatoren als Beispiele der Realisation der Kompetenz beschrieben werden. In unserer Darstellung wird die Kompetenz als Ganzes erfasst, in der Darstellung des VGD nur partiell und oft nur in der kontingenten Beschreibung auf der Operatoren- bzw. Performanzebene.

Bekannte Problematik auch in der Kartenarbeit

Diese grundlegende Kritik gilt besonders für die Darstellung der Sachkompetenz. Bei allem Respekt vor der sorgfältigen und akribischen Arbeit, mit der die Lerninhalte zusammengestellt wurden, muss man feststellen, dass sie an der Idee der Kompetenzorientierung weit vorbeigehen, ja, nicht selten das Gegenteil davon beschreiben, nämlich eine minutiöse Inhalts- und Aufgabenbeschreibung, der zwar eine Kompetenz implizit zugrunde liegt, die aber gerade durch die Art der Beschreibung verdeckt und in den Hintergrund gedrängt wird. Die Zielvorgabe, „welche Kenntnisse, Erkenntnisse und Einsichten Schülerinnen und Schüler beim jeweiligen Thema gewinnen sollen", konterkariert die Kompetenzorientierung, die eben gerade nicht vorgeben will, welche Kenntnisse, Erkenntnisse und Einsichten Schülerinnen und Schüler gewinnen sollen, sondern sie befähigen soll, im selbstständigen Umgang mit Themen zu eigenen Erkenntnissen und Einsichten zu kommen. Stattdessen wird hier ein traditionelles Wissen angeboten und vermittelt, das in der Form seiner Beschreibung den Kriterien der Lernziel-, nicht aber der Kompetenzorientierung entspricht.

Idee der Kompetenzorientierung ins Gegenteil verkehrt

Darüber hinaus wäre nach der Rechtfertigung, der Begründung dieses Wissens zu fragen. Darauf weisen die Autoren dieses Kompetenzmodell in ihren einführenden Worten hin, wenn sie sagen, „Kompetenzorientierung bedeutet auch, intensiver auf kategorialer Ebene über die Auswahl und Begründung von Themen nachzudenken." Aber genau das machen sie nicht. Stattdessen geben sie Inhalte vor, die einem ganz bestimmten Geschichtsverständnis entspringen, über das die Autoren weder sich noch dem Leser Rechenschaft ablegen. Ein solch unreflektierter Umgang mit Geschichte sollte einem Verband der Geschichtslehrer Deutschlands nun wirklich nicht unterlaufen.

Unausgewiesenes Geschichtsverständnis

Der Aspekt der Orientierung innerhalb der Sachkompetenz wird nur auf die Geschichte bezogen; die Schülerinnen und Schüler sollen Epochen kennen, Geschehnisse in sie einordnen können usw. Viel zentraler wäre aber die

Orientierung, die die Schülerinnen und Schüler durch die Geschichte erhalten. Sie sollen sich orientieren, sich und ihre Mitwelt verstehen können. Das ist das zentrale Anliegen des Geschichtsunterrichts, das aber in der Kompetenzauswahl der Bildungsstandards des VGD keine angemessene Berücksichtigung findet.

Konturlose Deutungs- und Reflexionskompetenz

Konturlos bleibt die Deutungs- und Reflexionskompetenz. Sie umfasst mehrere unterschiedliche Kompetenzen – Theorie-, Sach-, Rekonstruktionskompetenzen – , die mehr oder weniger additiv aneinander gereiht werden. Dies haben wir auch schon an anderen Stellen und in anderen Zusammenhängen bemerkt und festgestellt. Es bestärkt den Verdacht, dass es sich bei der Deutungs- und Reflexionskompetenz um keine sinnvolle Kompetenz handelt; sie scheint weder fachspezifisch noch präzise beschreibbar zu sein.

Problematische Niveaustufenbeschreibung über Operatoren

Grundlegend problematisch ist, dass die Niveaustufen generell über Operatoren statt über formale Graduierungsparameter wie „basal", „intermediär" bzw. durch inhaltliche Anforderungsbereiche wie „Reproduktion", „Reorganisation" beschrieben werden; sie erhalten so einen kontingenten, zufälligen Charakter. Die Kompetenz wird damit auf ein ganz bestimmtes Tun reduziert und geht damit in die Performanz- und Lernzielebene über. Statt eine Kompetenz zu entwickeln werden die Lehrerinnen und Lehrer dazu verleitet und – sofern diese Performanzvorgaben im Bildungsplan stehen – auch gezwungen, diese konkreten Umsetzungen abzuarbeiten. Damit wäre die Idee der Kompetenzorientierung verloren.

5.3.4 Ergebnis des Vergleichs

Uneinheitliche Kompetenzmodelle

Ähnlich wie bei der Betrachtung der Bildungspläne müssen wir feststellen, dass auch die vorliegenden Kompetenzmodelle sehr uneinheitlich und noch weit davon entfernt sind, bundesweit einheitliche Bildungsstandards zu beschreiben.

Gemeinsam ist ihnen, dass sie sich auf zentrale Kompetenzen beschränken; in der konkreten Auswahl der Kompetenzen herrscht aber keine Einigkeit. Auch besteht Konsens darin, dass Niveaustufen beschrieben werden müssen. Die FUER-Gruppe und Pandel halten hierfür allgemein formulierbare Graduierungsparameter für notwendig und haben dazu nützliche Vorschläge gemacht. Der Weg des Verbands der Geschichtslehrer Deutschlands, dies über Operatoren zu tun, ist dafür ungeeignet, da diese Operatoren nicht selten aus der Kompetenzebene heraus- und in die Performanzebene hineinführen. Diese letzte Ebene ist nicht nur infinit, sondern auch kontingent; die Kompetenzorientierung fällt dadurch allzu oft in die Lernzielorientierung zurück.

Standards entwickeln die FUER-Gruppe und Pandel nicht; der Verband der Geschichtslehrer Deutschlands benutzt zwar die Begriffskombination „Kompetenzen und Standards", aber einen Unterschied zwischen beiden macht sein Kompetenzmodell nicht.

6 Strukturgitter und Kompetenzstrukturmodell

6.1 Kompetenzen für den Geschichtsunterricht

Wir teilen das Grundprinzip der besprochenen Kompetenzmodelle, sich auf wenige grundlegende Kompetenzen zu beschränken und diese aus einem übergeordneten Gesichtspunkt herzuleiten. Das FUER-Modell folgte hier der Logik des historischen Denkens, Pandel orientierte sich an der Genese und Anwendung der historischen Erkenntnis, der Verband der Geschichtslehrer an der Praxis des bisherigen Geschichtsunterrichts. Wir gehen von der didaktischen Funktion des Geschichtsunterrichts und dem Ziel der Allgemeinbildung aus: Warum sollen Schülerinnen und Schüler sich mit Geschichte befassen? Damit sie historisch denken lernen, ist gewiss eine überzeugende Antwort. Aber in dieser Formulierung erscheint das historische Denken als Selbstzweck; das wäre eher dem Fachwissenschaftler angemessen, der zur Lösung seiner Probleme die allseitige Ausbildung dieser Kompetenz benötigt. Die Schule braucht eine andere Zielvorgabe; sie soll nicht Historiker ausbilden, sondern die Schülerinnen und Schüler befähigen, sich im Leben zu orientieren. Das ist der Sinn der Allgemeinbildung im Unterschied zur Fachausbildung an den Universitäten oder sonstigen Bildungseinrichtungen. Wenn Schülerinnen und Schüler also historisch denken lernen sollen, dann um ihretwillen, nicht um des historischen Denkens willen. Die Schülerinnen und Schüler sind der Zweck, um den es geht, nicht eine spezifische Fachkompetenz. Die Fachkompetenz ist also in der Schule nur Mittel zu einem übergeordneten Ziel, das in den Schülerinnen und Schülern selbst liegt: Sie sollen sich in der Welt orientieren, um in ihr leben und handeln zu können.

Unter Orientierungskompetenz verstehen wir zweierlei: Die Schülerinnen und Schüler sollen sich zum einen in der historischen Welt, in der sie leben, orientieren können, d. h. sie sollen diese Welt und die darin lebenden Menschen verstehen. Diese Welt ist historisch geworden, und die Menschen in ihr tragen in ihrem Denken und Handeln die Prägung durch Raum und Zeit, d. h. den historischen Ort, an dem sie in der Weltgeschichte stehen. Die Orientierungskompetenz schließt auch ein Verständnis der Vergangenheit ein. Denn auch die Vergangenheit ist in verschiedenen Formen in der Gegenwart wirksam. Sei es konkret in Relikten und Überlieferungen, die uns immer noch begegnen; sei es in den inneren Ausprägungen unseres Denkens und Handelns, in denen die Vergangenheit nach- und einwirkt.

Grundlegende Kompetenzen herleiten

Verständnis der Gegenwart, der Vergangenheit, der eigenen und der fremden Identität

Zum anderen sollen sich die Schülerinnen und Schüler selbst verstehen. Sie sollen verstehen, dass sie durch die Geschichte zu dem geworden sind, was sie sind. Durch eine solche Selbsterkenntnis können sie den Platz in der Welt finden, den sie zum Leben brauchen. Dieses Sich-selbst-Verstehen ist zugleich eine wichtige Voraussetzung für das Verständnis der anderen, des Fremdverstehens. Daher ist auch das Verstehen der anderen, der Alterität, Teil der Orientierungskompetenz.

Um ein Verständnis der historischen Mit-, Um- und Vorwelt sowie seiner selbst gewinnen zu können, sind methodische Fähigkeiten und sachliche Kenntnisse erforderlich. Daher wird die Orientierungskompetenz durch eine Methoden- und Sachkompetenz flankiert und unterbaut.

Konstruktions- und Gattungskompetenz

Bezüglich der Methodenkompetenz teilen wir das Verständnis der FUER-Gruppe, die den Methodenbegriff weit fasst und darunter auch den Konstruktionsgedanken in seinen beiden Varianten der Re- und der Dekonstruktion begreift, auch wenn wir darunter etwas anderes verstehen als die Mitglieder dieser Gruppe, nämlich die erkenntnistheoretische, nicht die hermeneutische Dimension dieses Begriffs. Hinzu kommen die klassischen methodischen Fähigkeiten, die Pandel unter Gattungskompetenz zusammengefasst hat. Zu ihnen gehören die Befähigungen zur Text- und Bildinterpretation, zur Kartenarbeit und zum sachgerechten Umgang mit Relikten und Überresten usw., die zum klassischen Repertoire des Geschichtsunterrichts gehören und daher nicht ausführlich beschrieben werden müssen.

Konstruktionsgedanke

Der Konstruktionsgedanke stammt aus der Erkenntnistheorie und besagt, dass Erkenntnis aus bestimmten Komponenten aufgebaut wird, die zusammen unsere Erkenntnis und unsere Wirklichkeit ergeben. Diese Komponenten sind u. a. unsere Wahrnehmungen und die Begriffe und Theorien, die wir mit diesen Wahrnehmungen verbinden.[85] Selbst die einfachste Aussage „Da steht ein Tisch" setzt sich bereits aus diesen Elementen zusammen – auch wenn wir das begriffliche Element dabei zunächst gar nicht bemerken. Es herauszudestillieren ist Aufgabe der Erkenntnistheorie. Jeder Wissenschaftler muss sich dieses Vorgangs und Problems bewusst sein, sonst versteht er methodisch nicht, was er tut. Der Konstruktionscharakter der Erkenntnis und der Wirklichkeit ist nichts spezifisch Historisches, sondern gilt für jede Erkenntnis und jede Wissenschaft. Das Besondere der historischen Erkenntnis liegt in zweierlei: Einmal im Rekonstruktionsgedanken, der vom Konstruktionsgedanken unterschieden werden muss. Die geschichtliche Wirklichkeit muss rekonstruiert werden, weil sie – im Unterschied zum Gegenstand anderer Wissenschaften – nicht als Gesamtobjekt vorliegt, sondern nur in Bruchstücken überliefert ist, denen der historische Kontext fehlt. Diesen herzustellen ist die Aufgabe der Rekonstruktion. Durch sie wird der Gegenstand der Geschichte wieder zu einem Ganzen.

Konstruktion und Rekonstruktion

Durch die Konstruktion dagegen erhält er seine eigene Form von Wirklichkeit; diese Form betrifft etwas anderes als das Ganze der Rekonstruktion. Um uns dies klarzumachen, müssen wir uns mindestens der Komponenten des

Erkenntnisaktes bewusst sein, die wir gerade skizziert haben: die Wahrnehmung auf der einen Seite, die Begriffe und die Theorien auf der anderen Seite. Durch ihre – in der Regel vorbewusste – Verbindung entsteht das Erlebnis der Wirklichkeit. Damit ist aber noch nichts darüber ausgesagt, in welchem Grade diese Komponenten der Wirklichkeit als wirklich erfahren werden. Hier gibt es theoretisch drei Möglichkeiten: Entweder dominiert eine Komponente die andere oder beide halten sich das Gleichgewicht. Im ersten Falle drängt also entweder die Sinneswahrnehmung die Begrifflichkeit in den Hintergrund oder die Begrifflichkeit steht im Vordergrund und lässt die Sinneswahrnehmung verblassen. Im dritten Fall halten sich beide das Gleichgewicht, sodass sie für das Wirklichkeitserleben gleichermaßen von Bedeutung sind. Wir haben es hier also mit drei unterschiedlichen Formen des Wirklichkeitserlebens bzw. der Wirklichkeitserfahrung zu tun, die von der Rekonstruktion zu unterscheiden sind und zu ihr hinzukommen.

Unterschiedliche Formen des Wirklichkeiterlebens

Dies ist für den Historiker von ganz besonderer Bedeutung, da er es ja mit unterschiedlichen Wirklichkeiten zu tun hat, deren erkenntnistheoretische Genese er sich auf diese Weise klarmachen kann. Der Konstruktionsgedanke bildet die theoretische Grundlage unseres Geschichtsverständnisses. Ihn zu verstehen bedeutet methodisch, den Aufbau unseres Geschichtswissens zu verstehen wie auch die Einsicht in die Möglichkeit anderer historischer Wirklichkeiten zu gewinnen. Beides sind unerlässliche Voraussetzungen, wenn man sich in der Geschichte orientieren und aus ihr Orientierung gewinnen will.

Der Konstruktionsgedanke als theoretische Basis unseres Geschichtsverständnisses

Zur historischen Entwicklung gehört auch die Entwicklung des Erkenntnisvermögens; dadurch erhält das Erleben der Geschichtswirklichkeit seinen spezifischen Charakter. Ohne ein Verständnis dieses Sachverhalts bleibt die Konstruktion von geschichtlicher Wirklichkeit verschlossen. Den Entwicklungsgedanken auch auf das Erkenntnisvermögen des Menschen anzuwenden, sollte für den Historiker eine Selbstverständlichkeit sein. Dass es nicht so ist, lehrt der Blick in die geschichtswissenschaftliche Literatur und in die Schulbücher. Wenn er allerdings angewendet wird, wie z. B. bei den bedeutenden Ägyptologen Emma Brunner-Traut, Jan Assmann oder bei den Mentalitätshistorikern wie Peter Dinzelbacher, zeigt er seine Fruchtbarkeit in unübersehbarer Weise. Die unterschiedlichen Wirklichkeitskonstruktionen erlauben es, den Geschichtsablauf elementar zu gliedern: So charakterisiert die Dominanz der Sinneswelt das Wirklichkeitserleben der europäischen Neuzeit, die Ausgewogenheit zwischen Sinnes- und Begriffserleben gilt besonders für das Mittelalter und die Antike; die Dominanz des geistig-begrifflichen Erlebens kennzeichnet die Zeit der Hochkulturen und der Vor- und Frühgeschichte, wobei hier die Begrifflichkeit eine besondere Form hat, die sie von den Folgezeiten unterscheidet.

Damit wird auch die Idee der Dekonstruktion in der Gestalt sichtbar, die wir oben angedeutet haben. Es geht nicht um die Dekonstruktion von Sinn, sondern um die Dekonstruktion von Wirklichkeit, insofern die Konstruktion unbewusst und unreflektiert in den Erkenntnisprozess und in den Aufbau von Wirklichkeit einfließt.

Dekonstruktion von Wirklichkeit

Erkenntnis-
theoretisches Experi-
ment zur Dekonstruktion

Um zu begreifen, was hier gemeint ist, möge man folgendes erkenntnistheoretische Experiment machen: Man betrachte die einen umgebende Wirklichkeit mit ihren konkreten Gegenständen und ihrem Vorne und Hinten, Links und Rechts, Oben und Unten. Nun mache man sich klar, welchen Anteil an dieser Wirklichkeit die Sinneswahrnehmung und die Gedankenseite haben. Vorne, hinten, links, rechts, Bäume, Stühle, Steine usw. sind alles begriffliche Strukturierungen der Wahrnehmung, die uns als Wirklichkeit gegenübertritt. Was bleibt von der Wirklichkeit übrig, wenn man diese Strukturierungen wegnimmt? Erst wenn man diesen Überrest der Wirklichkeit frei von allen Begriffsstrukturen sehen kann, hat man eine erkenntnistheoretische Dekonstruktion geleistet. Dann muss man den Weg rückwärts beschreiten und diesen strukturlosen Überrest wieder mit Begriffen verbinden; so erkennt man, wie Wirklichkeit im Erkenntnisprozess entsteht.

Fremdverstehen
und Standort-
gebundenheit

Wenn man nun bedenkt, dass sich auch das Erkenntnisvermögen des Menschen verändert und entwickelt hat – und zwar nicht nur in seinen gedanklichen Inhalten, sondern auch in seinen Realprozessen, d. h. im Leben des denkenden Ichs, in der Realität der Begrifflichkeit, im Erleben des Denkens selbst –, dann kann man zumindest modellhaft die Realien des eigenen Erkenntnisaktes zurücknehmen, d. h. dekonstruieren, und das Modell eines anderen Erkenntnisaktes mit anderen Realien an seine Stelle setzen. Damit hat man eine andere Wirklichkeit konstruiert und in ihre Möglichkeit eine unumstößliche Einsicht gewonnen. Mit dieser Einsicht beginnt die Möglichkeit des Fremdverstehens, die in der Tat zu den bedeutendsten Leistungen der methodischen Kompetenz gehört, wenn man die Re- und Dekonstruktion darunter fassen und in ihrer ursprünglichen erkenntnistheoretischen Tiefe verstehen will. Es handelt sich hierbei um nichts Geringeres als die methodische und modellhafte Überwindung der Standortgebundenheit – um eine modellhafte Überwindung, nicht um eine reale. Real lässt sich die Standortgebundenheit nicht überwinden, denn sie ist Bestandteil unseres Wesens und unserer Natur, eben der Geschichtlichkeit des Menschen. Durch diese modellhafte Überwindung gewinnt man Einsicht in die Möglichkeit einer anderen Wirklichkeit, die man dann in den Quellen wiederfinden kann. Ansonsten trägt der Interpret in die Quellen und in die Vergangenheit zwangsläufig die Elemente hinein, die seiner eigenen Wirklichkeit angehören; denn unbewusst und unreflektiert fließt immer das eigene Wirklichkeitsverständnis in die Konstruktion und Rekonstruktion ein, wenn das entsprechende methodische Bewusstsein bzw. die entsprechende methodische Kompetenz fehlt. Es geht also darum, zum Verständnis anderer Wirklichkeiten die eigene Wirklichkeitskonstruktion bewusst zurückzunehmen und eine andere modellhaft an ihre Stelle zu setzen. Das ist die unerlässliche erkenntnistheoretische Voraussetzung für das Fremdverstehen wie auch für das Verständnis der eigenen Person; denn ein Bewusstsein der eigenen Wirklichkeitskonstruktion lässt sich nur auf dem Hintergrund einer anderen gewinnen; sonst fehlen der Kontrast und der Vergleich. Daher stellt der Konstruktionsgedanke ein unverzichtbares Element der Methodenkompetenz dar; durch ihn erhält man unmittelbaren Einblick in die Art, wie Geschichte für den Historiker entsteht.

Die Konstruktion vollzieht sich nicht als subjektiver Vorgang des einzelnen Historikers, Geschichtslehrers oder Schülers, sondern stellt ein übersubjektives Geschehen dar, in dem Geschichte wirkt. Dies zu verstehen setzt erkenntnistheoretische Erfahrung und Übung voraus. Die Erkenntnistheorie ist daher genauso Teil des historischen Werkzeugs wie z. B. die Quellenkunde, die Archäologie u. a. Ohne sie bleiben wichtige Aspekte der Geschichte unerschlossen. Dieser Sachverhalt muss jedem Lehrenden bewusst sein; ihn Schülerinnen und Schülern zu vermitteln, dürfte auf der theoretischen Ebene nur in Ansätzen in der Oberstufe möglich sein; auf der Sachebene ist dies in altersgemäßer Aufbereitung allerdings auf jeder Schulstufe möglich. Es stellt eine lebhafte Quelle der Motivation dar, die zu einer bedeutenden Vertiefung der Empfindung führen kann.

Konstruktion als übersubjektiver Vorgang

Eine besondere Herausforderung stellt die Sachkompetenz dar, die uns in ganz unterschiedlichen Formen in den besprochenen Kompetenzmodellen und Bildungsplänen begegnet ist. Pandel führt sie in seinem Kompetenzquartett überhaupt nicht an und bezeichnet sie an einer Stelle als „fachunspezifisch"[86], was schwer nachzuvollziehen ist. Der Verband der Geschichtslehrer Deutschlands entwickelte die oben besprochene umfangreiche Inhaltsliste, die bis ins Detail präzisiert wird, aber damit den Charakter einer Kompetenzbeschreibung verfehlt. Lediglich Formulierungen wie „wichtige Ereignisse, Entwicklungen, Strukturen kennen und beschreiben" wahren die Allgemeinheit der Kompetenz, bleiben aber unpräzise und bewegen sich in den Operatoren nur auf einer unteren Niveaustufe, so dass auch sie als Kompetenzbeschreibungen ungeeignet sind. Die Auswahl der Inhalte, die die Kompetenz präzisieren soll, bleibt unbegründet und führt in die Performanzebene, wie wir oben gesehen haben. Statt Kompetenzen werden auf diese Weise wieder Lerninhalte mit entsprechenden Lernzielen vermittelt. Bleibt noch der Weg des FUER-Modells. Es beschreibt die Sachkompetenz als Begriffs- und Strukturierungskompetenz, bleibt damit auf der Kompetenzebene, läuft aber Gefahr, sehr abstrakt zu werden und die Anbindung an die konkreten Inhalte der Geschichte zu verlieren.

Sachkompetenz als besondere Herausforderung

Wir müssen also einen Weg finden, der beide Extreme vermeidet: Er darf sich weder in die konkreten Details der Performanzebene verlieren, noch in der abstrakten Höhe reiner Begrifflichkeit erschöpfen. Diesen Zwischenbereich möchte ich als „kategoriales" und „typologisches" Wissen bezeichnen. Als Wissen ist es konkret, muss aber soweit von der konkreten Wirklichkeit abstrahiert werden, dass es kategorialen Charakter annehmen kann. Eine typologische Beschreibung geschichtlicher Inhalte, Verhaltens- und Denkweisen erfüllt diese Forderung nach genügender Abstraktheit und hinreichender Konkretion. Nimmt man z. B. die Domäne der Herrschaft als eine Grundkategorie der Geschichte, dann repräsentieren die Herrschaftsformen der Theokratie, der Aristokratie, der Demokratie usw. solche typologischen Beschreibungen. Sie beschreiben Systeme, die durch entsprechende Verhaltensweisen

Bausteine der Sachkompetenz: kategoriales und typologisches Wissen ergänzt werden müssen, die ebenfalls typologischen Charakter haben müssen. Solche typologischen Figuren und Verhaltensweise finden wir z. B. in der Rechtfertigung der Herrschaft, im Widerstand gegen eine Herrschaft, in einer Revolution u. ä. In der Kenntnis und in der Anwendung solcher kategorialer Begriffe und Verhaltensweisen besteht die Sachkompetenz.

Die Betonung liegt hier – wie beim Schachspiel – auf der Anwendung; in ihr liegt die Kompetenz, das Wissen bildet die Grundlage, auf der sich die Kompetenz, das Können, entfalten kann. Das kategoriale Wissen wird also in der Gestalt einer Domäne zu beschreiben sein, in der sich die Kompetenz bewegt. Damit können wir auch hier die Form der Kompetenzbeschreibung beibehalten, die wir bei den handwerklich-methodischen Kompetenzen angelegt haben.

Handlungskompetenz   Die Schülerinnen und Schüler sollen nicht nur verstehen, sie sollen auch handeln können – begründet handeln können aus der Einsicht und den Fähigkeiten, die sie sich durch die ersten drei Kompetenzen erworben haben. Eine Handlungskompetenz rundet also unser Kompetenzmodell ab. Damit wird der Gegenwarts- und Zukunftsperspektive von Geschichte Rechnung getragen. Dies ist gerade für die Schule eminent wichtig, die es mit jungen Menschen zu tun hat, die in das Leben hineinwachsen und es gestalten, nicht nur retrospektiv betrachten wollen.

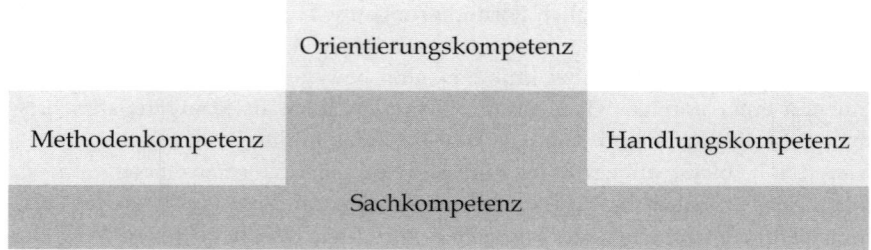

6.2 Eine Beschreibung der Domäne „Geschichte" mit Hilfe des Strukturgitters

Geschichtsphilosophie und Geschichtsunterricht reduzieren exemplarisch   Die Schülerinnen und Schüler werden in der Schule mit einem umfangreichen Bereich der Geschichte bekannt. Er beginnt mit der Vor- und Frühgeschichte, erstreckt sich über die frühen Hochkulturen, die griechische und römische Antike, umfasst das europäische Mittelalter und die europäische Neuzeit bis in die Gegenwart. Dazu kommen mit China oder Japan Ausblicke in den fernen Osten sowie mit den USA eine Hinwendung zum Westen. Diese Weite unterscheidet neben vielen anderen Punkten den Geschichtsunterricht der Schule von der Fachwissenschaft der Universität. Kein Fachwissenschaftler bearbeitet die Domäne Geschichte in einer solchen Breite wie die Lehrerinnen und Lehrer und die Schülerinnen und Schüler an der Schule. Die Fachwissenschaft benötigt dafür eine zweistellige Anzahl von Lehrstühlen. Dies muss man sich deutlich vor Augen halten, wenn man verstehen will, was Geschichtsunterricht und didaktische Reduktion bedeuten. Die Lehrerinnen und Lehrer in der Schule müssen das Gesamtgebiet der Geschichte überschauen und auf wesentliche Punkte reduzieren. Kein Fachwissenschaftler hat diesen Anspruch, nur der Geschichtsphilosoph. So gesehen steht der Geschichtsunterricht der Geschichtsphilosophie näher als der Geschichtswissenschaft.

Wie lässt sich diese Geschichtsmasse übersichtlich beschreiben? Die Beschreibung muss zugleich so ausfallen, dass sie die Grundlage für eine Kompetenzbildung abgeben kann. Dazu bedarf es einer schematischen, fast schon zeichenhaften Komprimierung.

Wir gliedern zunächst den Gesamtbereich Geschichte in repräsentative Domänen, die jedem Historiker vertraut sind. Unter Domänen verstehen wir die Gegenstandsbereiche der Geschichte, unter Dimensionen die Niveaus ihrer Bearbeitung:

Charakteristische Domänen der Geschichte

- Herrschaft
- Gesellschaft
- Recht
- Wirtschaft
- Krieg
- Selbstverständnis
- Religion
- Wissenschaft
- Wirklichkeit

Diese Domänenbeschreibung beansprucht weder Vollständigkeit noch apodiktische Geltung; sie kann erweitert oder bestimmte Domänen können durch andere ersetzt werden. Der einzige Anspruch, der erhoben wird, ist der, dass es sich um für die Geschichtswirklichkeit charakteristische Domänen handelt, von denen man keine weglassen kann, ohne wesentliche Bereiche des geschichtlichen Lebens zu vernachlässigen. Die für die Geschichtswissenschaft ungewöhnliche Domäne oder Kategorie der Wirklichkeit wird hinzugenommen, weil sie sich unmittelbar aus dem Konstruktionsgedanken ergibt.

Für diese Domänen müssen wir Unterdomänen finden, die unseren Forderungen nach kategorialem Wissen gerecht werden; d. h. sie brauchen eine inhaltliche Bestimmtheit, die zugleich eine gewisse Offenheit und Allgemeinheit einschließt, also eine typologische Begrifflichkeit.

Unterdomänen in Form von kategorialem Wissen

Wir ordnen sie in der Form eines Strukturgitters an, das aber zunächst nur die Domänenbeschreibung, noch keine Kompetenzen mit den dazugehörigen Niveaustufen enthält. Die Anordnung der Unterdomänen bzw. der typologischen Begriffe erfolgt vorläufig willkürlich und etwas unstrukturiert. Erst in der Verbindung mit einer Kompetenz werden sie eine bestimmte Ordnung und Struktur erhalten. Damit soll deutlich werden, dass die Inhalte nicht Selbstzweck sind, sondern funktional der Kompetenzvermittlung dienen. Die Kompetenz verlangt bestimmte Inhalte, an der sie sich entfalten und entwickeln kann. Sie wird damit zum Kriterium der Stoffauswahl.

Strukturgitter erfordern
Ausdifferenzierungen

Zum Verständnis dieser Tabelleninhalte sei an das erinnert, was wir bei den handwerklich-methodischen Kompetenzen gesagt haben: Diese typologischen Begriffe sind die Spitze eines Eisbergs, hinter denen sich weitere Begriffe verbergen, die zur Entfaltung und Ausarbeitung dieser kategorialen Begriffe notwendig sind. Bei der Domäne „Herrschaft" sind dies z. B. die Staatsformen Monarchie, Republik sowie ihre weiteren Ausformungen als absolute, konstitutionelle, parlamentarische Monarchie sowie Räterepublik, parlamentarische Republik; oder auch Begriffe wie Diktatur, Volkssouveränität, Gottesgnadentum, usw. Sie kommen ins Spiel, wenn diese Grundbegriffe des Strukturgitters im Unterricht explizit behandelt werden. Dazu können weitere untergeordnete Strukturgitter gebildet werden.

Beschreibung der Domäne „Geschichte" ohne Ausrichtung auf eine spezielle Kompetenz								
Herrschaft	Gesellschaft	Recht	Wirtschaft	Krieg	Selbstverständnis	Religion	Wissenschaft	Wirklichkeit
Theokratie	bürgerliche G.	Rechtlosigkeit	Marktwirtschaft	Ächtung des Kriegs	Individualismus	Religionsfreiheit	(Natur)Wissenschaft	Sinneswirklichkeit
Aristokratie	Ständegesellschaft	Gruppen-, Standesrechte	Merkantilismus	gerechter Krieg	Standes-, Gruppenbewusstsein	Monotheismus	philosophische Interpretation	symbolische Wirklichkeit
Demokratie	kollektive G.	Rechtsgleichheit	Feudalismus	heiliger Krieg	kollektives Bewusstsein	Polytheismus	theologische Interpretation	gleichnishafte Wirklichkeit
Legitimation		Naturrecht	Privateigentum	Naturzustand	Rassismus	Atheismus	Mythos	Götterwirklichkeit
Revolution		positives Recht	Kollektiveigentum					

Funktion
der Strukturgitter

Das Strukturgitter soll der schematischen Beschreibung der komplexen Natur der Kompetenz gerecht werden, auf die solche Schemata nur hinweisen, sie aber nicht tatsächlich darstellen können. Dies liegt in der allgemeinen Natur der Kompetenz begründet, die sich nicht auf der Performanzebene abbilden lässt - genauso wenig wie dies bei Begriffen und ihren vielfältigen Ausformungsmöglichkeiten der Fall ist. Weiter soll es die Idee der Reduktion auf „Kern- und Leitideen" zum Ausdruck bringen, die ein wesentliches Element des standardbasierten und kompetenzorientierten Unterrichts sein muss. Zuletzt soll mit einer solchen Beschreibung lerntheoretisch der Weg des Kompetenzerwerbs gefördert werden. Dazu gehört die Möglichkeit der vertikalen und horizontalen Vernetzung dieser Grundbegriffe, die durch die schematische Darstellung visualisiert und erleichtert werden soll. Das Strukturgitter kann den Lehrerinnen und Lehrern als Richtschnur für den gesamten Geschichtsunterricht über die Jahrgangsstufen hinweg dienen.

6.3 Strukturgitter und Kompetenzen

Nachdem wir zentrale Elemente der Domänenbeschreibung zusammengestellt haben, können wir diese Domänenbeschreibung im Hinblick auf bestimmte Kompetenzen spezifizieren. Beginnen wir mit der Orientierungskompetenz; wir haben sie in „Orientierung in und durch die Geschichte" differenziert, wobei der letzte Punkt das Selbst- und Fremdverstehen umfasst.

Die einfache Ausformung dieser Kompetenz besteht in der zeitlichen Orientierung in der Geschichte. Dazu ordnen wir, wie auf der nächsten Seite abgebildet, die Begriffe des Strukturgitters in der Abfolge, wie die damit bezeichneten Gegebenheiten in der Geschichtsentwicklung aufgetreten sind. Wir sind uns dabei bewusst, dass wir dies auf dem Hintergrund der europäischen Geschichtsentwicklung tun, und rechtfertigen es damit, dass wir an diesem historischen Standort stehen. Ein Bewohner eines anderen Erdteils müsste diese Anordnung aufgrund seines geschichtlichen Standorts anders vornehmen. Die Strukturgitterbegriffe haben eine bestimmte Abfolge erhalten, die vertikal gelesen eine grobe chronologische und sachliche Ordnung ergeben. Sie ist zunächst nicht mit Zeitangaben oder Epochen verbunden, sondern orientiert sich an der typologischen Begrifflichkeit. So stellen z. B. die drei Herrschaftsformen Ausprägungen von Herrschaft dar, die durch die zunehmende Partizipation an Herrschaft eine innere Logik aufweisen. Diese innere Logik verknüpft diese Begriffe miteinander; so können sie nicht nur besser verstanden, sondern auch besser im Gedächtnis verankert werden. Sie werden vernetzt und schaffen damit eine lerntheoretische Voraussetzung für die Kompetenzbildung. Eine jeweils eigene innere Logik weisen auch die vertikalen Vernetzungen der anderen Domänen auf. Sie sind ohne Probleme der Tabelle zu entnehmen, so dass wir dies nicht näher ausführen müssen. So bewegt sich die Logik der Domäne „Recht" von der Rechtlosigkeit über die unterschiedliche Rechtssituation von Gruppen hin zur rechtlichen Gleichheit aller; die Domäne „Religion" verengt sich von der Vielgötterei des Polytheismus auf den einen Gott im Monotheismus, bis auch dieser im Atheismus verschwindet. Auf diese Weise erhalten wir eine sachbezogene Orientierung in der Zeit, die durch Hinzufü-

Strukturgitter und Orientierungskompetenz

Die typologischen Domänen haben eine innere Logik

Sachbezogene
Orientierung in der Zeit

Innere Struktur der
Kompetenz
ermöglicht ihren
kumulativen Aufbau

gung von Zeitangaben leicht in eine äußere zeitliche Orientierung übergehen kann. Die sachbezogene Orientierung entspricht der Natur der Kompetenz, denn sie zielt auf ein kategoriales Verständnis ab, wogegen die Zeit-angaben lediglich äußere Merkmale angeben. Die Kompetenz erhält durch diese Präzisierungen eine innere Struktur und inhaltliche Gliederung und gewinnt dadurch einen begrifflichen Aufbau, der zugleich den Weg weist, wie diese Kompetenz im Unterricht entwickelt werden kann. Die einzelnen Elemente lassen sich Schritt für Schritt behandeln; die Kompetenz wird dadurch kumulativ aufgebaut. Dies geschieht sowohl im Bereich der Domänen wie auch der Unterdomänen, die mit zunehmender Vernetzung eine immer komplexere Kompetenz entstehen lassen, die in der Kompetenz, sich im Gesamtgebiet der Geschichte orientieren zu können, ihren Gipfel und Endpunkt erreicht.

Domänenbeschreibung für die Orientierungskompetenz: Die Schülerinnen und Schüler können sich in der Geschichte orientieren und ihren Standort und ihre Identität in der Geschichtsentwicklung bestimmen.								
Herr-schaft	Gesell-schaft	Recht	Wirt-schaft	Krieg	Selbst-ver-ständ-nis	Reli-gion	Wis-sen-schaft	Wirk-lichkeit
Demo-kratie	bürger-liche Gesell-schaft	Rechts gleich-heit	Markt-wirt-schaft	Äch-tung des Kriegs	Indi-vidua-lismus	Reli-gions-frei-heit, Athe-ismus	(Natur) Wis-sen-schaft	Sinnes-wirk-lichkeit
Aristo-kratie	Stände-gesell-schaft	Grup-pen-, Stan-des-rechte	Mer-kanti-lismus, Feuda-lismus	gerech-ter Krieg, hei-liger Krieg	Stan-des-, Grup-pen-be-wusst-sein	Mono-theis-mus	phi-loso-phische und theolo-gische Inter-pre-tation	symbo-lische, gleich-nishafte Wirk-lichkeit
Theo-kratie	kollek-tive Gesell-schaft	Recht-losig-keit	Kollek-tiv-wirt-schaft	Natur-zu-stand	kollek-tives Be-wusst-sein, Rassis-mus	Poly-theis-mus	Mythos	Götter-wirk-lichkeit

Orientierung durch die Geschichte im Sinne von historischer Selbsterkenntnis und Identitätsbildung erreichen wir, wenn wir die Begriffselemente des Strukturgitters horizontal verknüpfen. Betrachten wir die obere Gitterschiene.

Historische Selbsterkenntnis und Identitätsbildung

Demokratie	bürgerliche Gleichheit	Rechtsgleichheit	Marktwirtschaft	Ächtung des Krieges	Individualismus	Religionsfreiheit, Atheismus	(Natur) Wissenschaft	Sinneswirklichkeit

Die Strukturgitterelemente weisen auch in der horizontalen Verknüpfung eine innere Logik auf. Demokratie, Rechtsgleichheit und Individualismus stehen nicht nur in einem tatsächlichen, sondern auch in einem logischen Zusammenhang. Wenn das Individuum an oberster Stelle der Werteskala steht, dann folgt daraus, dass es nicht etwas anderem untergeordnet werden kann. Es darf also nicht beherrscht werden, sondern muss in die Lage kommen, sich selbst regieren zu können; damit begründet dieses Selbstverständnis die Demokratie, in der die Herrschaft durch die Wahl des Einzelnen legitimiert werden und die Machtausübung von der Summe der Einzelnen ausgehen muss, die üblicherweise als „Volk" bezeichnet wird. Ebenso leitet sich aus der obersten Stellung des Individuums die Rechtsgleichheit ab; wenn dem Individuum nichts übergeordnet werden kann, dann selbstverständlich auch kein anderes Individuum. Und wenn es keine Über- und Unterordnung geben kann, dann ergibt sich daraus folgerichtig die Rechtsgleichheit. Also auch in der horizontalen Verknüpfung entstehen logische Bezüge der Elemente, die eine wesentliche lerntheoretische Voraussetzung für eine Verankerung dieser Begriffe im Gedächtnis und die darauf aufbauende Kompetenzbildung darstellen.

Innere Logik der horizontalen Verknüpfung der Kategorien

Lässt sich aus dem individualistischen Selbstverständnis auch die Ächtung des Krieges, die Freiheit der Religion oder gar der Atheismus herleiten? Hier begegnen wir einer weiteren Funktion des Strukturgitters. Die Verknüpfung der Elemente hilft uns, Fragen aufzuwerfen. Die Elemente werden dadurch aktiv; sie regen das Denken und das Fragen an und machen damit aus „trägem" „intelligentes" Wissen.

Strukturgitter als „intelligentes" Wissen

In der oberen Gitterspalte – horizontal gelesen – finden wir Merkmale, die nicht nur gleichzeitig auftreten, nicht nur eine logische und eine tatsächliche Verknüpfung beinhalten, sondern die zusammen auch eine Identität ergeben; denn die Merkmale konstituieren in ihrer Gesamtheit das Selbstverständnis einer ganzen Menschengruppe in dieser Zeit: Elemente der neuzeitlichen europäischen Identität oder – vorsichtiger ausgedrückt – der neuzeitlichen europäischen Geschichtsentwicklung. Europa hat die Idee der Demokratie, des Individualismus, der Rechtsgleichheit, der Menschenrechte entwickelt; Europa hat die Naturwissenschaft hervorgebracht, die sich an der Empirie der Sinneswahrnehmung orientiert; und Europa ist auch der Kontinent, der – einzigartig in der Weltgeschichte – den Atheismus erfunden hat. Der Atheismus ist

Horizontale Gitterspalten beschreiben Identitäten und ermöglichen Fremdverstehen

Teil der Religionsfreiheit, die wiederum ein Glied der übergeordneten Idee der Freiheit darstellt, aus der sich letztlich die meisten Elemente der europäischen Entwicklung herleiten lassen. So erlaubt die obere Spalte des Strukturgitters das Verständnis der eigenen Identität und der eigenen Geschichtlichkeit, sofern und soweit sie eben aus der europäischen Geschichtsentwicklung hervorgegangen sind.

Auch die beiden anderen Querspalten stellen logische und tatsächliche Einheiten dar, gegenüber denen wir fragen können, ob auch sie eine Zusammengehörigkeit beschreiben oder gar eine Identität begründen. Mit ihnen verlassen wir die neuzeitliche europäische Identität und kommen in den Bereich des Fremdverstehens. Naturgemäß umfasst es unterschiedliche Grade der Ausprägung, die von unserer räumlichen und zeitliche Nähe oder Ferne zu den Entwicklungen abhängen.

Aristo-kratie	Stän-de-gesell-schaft	Grup-pen-, Stan-des-rechte	Mer-kanti-lismus, Feuda-lismus	gerech-ter Krieg, heili-ger Krieg	Stan-des-, Grup-pen-be-wusst-sein	Mo-no-theis-mus	philoso-phische, theolo-gische Inter-pre-tation	sym-bo-lische, gleich-nis-hafte Wirk-lichkeit

Logik der mittleren Querspalte

Der logische Zusammenhang der kategorialen Unterdomänen „Aristokratie", „Ständegesellschaft", „Standesrechte" und „Standesbewusstsein" erschließt sich unmittelbar aus der Sache; alle formulieren eine Ungleichheit und eine Abgrenzung gegenüber anderen und umgekehrt eine Gleichheit innerhalb der eigenen Gruppe. Aber wie steht es mit den anderen Kategorien? Die Religion, auf die die Kategorie „Monotheismus" verweist, liefert die notwendige Begründung für die Ungleichheit. Damit kein Missverständnis entsteht, sei gleich eingefügt, dass es sich bei dieser Aussage nicht um eine Feuerbach'sche Religionskritik handelt, sondern um die Einsicht in eine andere Wertsetzung und in eine andere Wirklichkeit. Den obersten Wert und Bezugspunkt dieser typologischen Gesamtheit bildet nicht der einzelne Mensch, sondern „Gott", was immer man auch darunter verstehen mag. Aus dieser Wertsetzung lassen sich fast alle Kategorien dieser Querspalte begrifflich herleiten. Die relative Nähe oder Ferne zu diesem Bezugspunkt rechtfertigt den Unterschied zwischen den Menschen. Wer in seinem Dasein und Tun näher zu „Gott" steht, dem gebührt ein höherer Rang. Damit ist begründet, warum der Geistlichkeit der erste Rang zugeordnet werden muss; sie bildet daher den Ersten Stand.

Verhältnis von typologischen Kategorien und Geschichtswirklichkeit

Um auch hier einem Missverständnis vorzubeugen, sei daran erinnert, dass es sich bei diesen Beziehungen um begriffliche Beziehungen innerhalb des Kategoriengefüges handelt, die ein inneres Verständnis ermöglichen, nicht um reale, tatsächliche Beziehungen in der Geschichtswirklichkeit. Wie sich diese realen Begründungen und Beziehungen zu den typologischen verhalten, ist jeweils am Einzelfall zu prüfen und zu untersuchen. Aus einer möglichen Diskrepanz zwischen der typologischen Beschreibung und dem realen Zustand ergibt sich die Möglichkeit, die Realität zu beurteilen und zu verändern. In diesem Falle würde die Domänenbeschreibung zur Grundlage der Handlungskompetenz. Die begrifflichen Bezüge innerhalb der Domänenbeschreibung schaffen also die Voraussetzung zur Beurteilung der Wirklichkeit, die sich eben von der typologischen Vorstellung entfernen oder sich ihr annähern kann. Hierin kommt auch die besondere Natur der Geschichte zum Ausdruck, die eben kein gegebenes Faktum darstellt, sondern im und durch das Handeln der Menschen entsteht, was selbstverständlich nicht bedeutet, dass alles Geschehen bewusstem oder gar nur rationalem Handeln entspringt. Die Bedingungen menschlichen Handelns sind vielschichtig und rekrutieren sich nur zum kleinsten Teil aus dem intentionalen Wollen der handelnden Menschen. Ob also der Erste Stand in der tatsächlichen Geschichtsentwicklung seine Stellung aus realen Machtgrundlagen herleitet oder aus der typologisch angenommenen Nähe zu „Gott", ist empirisch zu untersuchen. Im ersten Falle wäre die religiöse Begründung nur Ideologie und müsste dem religionskritischen Verdikt verfallen; im zweiten Falle wäre sie Ausdruck eines anderen Selbst- und Wirklichkeitsverständnisses. Habituell neigen heutige Historiker natürlich zur ersten Denkweise, denn sie entspricht dem heutigen Selbst- und Wirklichkeitsverständnis. Dies wird gerade durch unsere Domänenbeschreibung sichtbar und aus ihrer Logik verständlich. Ob dies Verfahren aber gegenüber der anderen Zeit gerechtfertigt ist, ist eine Frage, die gerade durch die Art unserer Domänenbeschreibung aufgeworfen wird. Die Orientierungskompetenz verbindet sich hier mit der Methodenkompetenz, indem sie mit der Thematisierung unterschiedlicher Denkweisen auch Einblick in die andere Konstruktion von Geschichte gibt und damit die eigene Betrachtungsweise zu relativieren lernt.

Selbstverständlich kann man fragen, ob eine typologische Herleitung der Ungleichheit auch aus der Domäne „Wirtschaft", aus dem System des Feudalismus denkbar wäre. Hier müsste die Ungleichheit aus dem Verfügungsrecht über Grund und Boden begründet werden. Damit aber müsste dieses Verfügungsrecht selbst wieder begründet werden, da es sich nicht von selbst versteht wie bei der Begründung durch „Gott", die philosophisch eine Selbstbegründung enthält. Eine Herrschaftsbegründung kann immer nur aus einem obersten Wert hergeleitet werden, der seine Begründung in sich selbst trägt, also absolut ist. Diesen Wert stellt in der europäischen Neuzeit der einzelne Mensch, im Mittelalter und in anderen Kulturen „Gott" dar.

Eine typologische Herrschaftsbegründung

Der oberste Bezugspunkt „Gott" erklärt, warum die Wissenschaft dieser Zeit nicht empirisch forschend, sondern interpretierend arbeitet. „Gott" als der Grund allen Seins steht für diese Weltsicht fraglos fest; zugleich ist er oberstes Ziel, auf das sich alles menschliche Denken und Handeln zubewegt und an dem sich alles ausrichtet. Daher ist nicht das Sein als solches von Interesse, sondern sein Bezug zu „Gott". So geht es der mittelalterlichen Naturbetrachtung nicht darum, die Natur als solche zu begreifen, sondern darzulegen, in-

Zusammenhang von „Gott" und Wissenschaft

wiefern „Gott" und sein „Wille" in ihr zum Ausdruck kommen. Die Natur wird also theologisch interpretiert. Analog gilt dies für die philosophische Weltbetrachtung der Antike. Hier bildet nicht „Gott", sondern – wie z. B. bei Plato – die „Idee" oder ein sonstiges ideelles Prinzip den Bezugspunkt. Die Wirklichkeit erscheint dann als Abbild, Gleichnis oder Symbol dieser ihr zugrunde liegenden höheren Wirklichkeit. Wir haben es hier mit einem anderen Wirklichkeitsverständnis zu tun, das sich in unserer kategorialen Domänenbeschreibung in der Domäne „Wirklichkeit" als „symbolische" oder „gleichnishafte Wirklichkeit" widerspiegelt.

Verwendbarkeit der mittleren Gitterspalte

Die mittlere Spalte des Strukturgitters enthält also eine typologische Beschreibung, die vor allem zum Verständnis des europäischen Mittelalters und der Antike geeignet ist. Elemente davon finden sich aber auch in der Geschichtsentwicklung anderer Erdteile, so dass diese Typologie auch zur Beschreibung außereuropäischer Entwicklungen herangezogen werden kann. Die Typologie wird umso universeller, je weiter sie sich von der europäischen Neuzeit entfernt. Damit macht sie die Besonderheit der europäischen Entwicklung deutlich. Ständische Gliederungen finden wir auch in der Geschichte Japans und Chinas, nicht aber den Monotheismus und den Heiligen Krieg, die damit zu einer Besonderheit der christlichen und der islamischen Geschichte werden. Ob und wieweit diese Kriegsauffassung auch in das Judentum Eingang gefunden hat, ist eine Frage, die gerade die typologische Beschreibung aufwerfen muss. Die Antwort kann natürlich nur durch eine empirische Untersuchung gegeben werden. Die Idee des Heiligen Krieges leitet sich aber konsequent aus der obersten Wertsetzung „Gott" ab; ihr ist alles andere unterzuordnen – auch das Leben von Menschen.

Theo-kratie	kollek-tive Gesell-schaft	Recht-losig-keit	Kollek-tiv-wirt-schaft	Natur-zu-stand	kollek-tives Be-wusst-sein, Ras-sismus	Poly-theis-mus	My-thos	Götter-wirk-lichkeit

Universelle Reichweite und innere Logik der unteren Gitterspalte

Die untere Spalte hat eine noch größere Reichweite. Ihre Kategorien finden sich überall in der Weltgeschichte. Daher muss man von ihnen ausgehen, wenn man Orientierung in der außereuropäischen Entwicklung sucht. Auch diese typologische Beschreibung hat eine innere Logik, mit der die einzelnen Elemente zusammenhängen. Nicht mehr „Gott", sondern „Götter" stehen an oberster Stelle. Wir haben es mit einem Polytheismus und einer einzig auf die Beschreibung von Göttertaten ausgerichteten Wissenschaft zu tun, dem „Mythos", in dem alles Geschehen in der Natur wie in der Geschichte diesen „Göttertaten" zugerechnet wird. Auch das Denken und Fühlen der Menschen werden so interpretiert. Der Mensch tritt also noch gar nicht als eigene seelische und geistige Entität in Erscheinung. Daher wird verständlich, dass er nur als biologisches Wesen im Naturzustand, als Kollektiv ohne jegliche Rechte wahrgenommen werden kann. Das Recht wird ihm von außen gegeben – von einem Herrscher, der nicht in seinem Namen, sondern in dem einer Gottheit handelt. Als Einzelwesen wird er durch seine Biologie definiert, da eigene seelische und geistige Merkmale noch gar nicht entwickelt sind. Dafür steht die Kategorie des „Rassismus". Dieses biologische Wesen kann sich nur nach den Gesetzen der Natur, nicht denen der Zivilisation und Kultur verhalten. Der Kampf und die biologische Stärke erscheinen daher als positive Werte und der Krieg wird als Naturzustand typologisch verständlich.

Gegenüber dieser typologischen Beschreibung ist in ihrer Anwendung auf die reale Geschichte ganz besondere Behutsamkeit geboten, da sie in ihrer Reinform nur für den Zeitpunkt gilt, wo die geschichtliche Entwicklung die natürliche gerade erst abzulösen beginnt. Dennoch lassen sich mit ihr wichtige Elemente der Vor- und Frühgeschichte sowie der Hochkulturen typologisch erfassen und verstehen.

Behutsamkeit
in der Anwendung
der typologischen Raster

Betrachten wir zum Verständnis dieses typologischen Rasters Beispiele aus der Geschichte Japans, die alle dem hervorragenden Werk von Dietrich Krusche: Japan – Konkrete Fremde. Stuttgart [2]1983 entnommen sind. Die verfassungsmäßig nicht ganz greifbare, aber lebensweltlich vorhandene göttliche Verehrung des Kaisers verweist deutlich auf die Typologie der unteren Querspalte unseres Strukturgitters; nennen wir die damit beschriebene Entität der Einfachheit halber den „theokratischen Typus"; er umfasst alle Elemente der unteren Spalte, nicht nur die Bestimmung der Kategorie „Herrschaft". Will man diese Typologie auf eine spätere Zeit anwenden, muss man selbstverständlich mit ihrer Fortentwicklung rechnen, darf nicht einfach die ursprüngliche Form von vor Jahrtausenden auf die Gegenwart übertragen. Um aber diese außereuropäische Gegenwart zu verstehen, muss man erkennen, dass man sie aus der Typologie des dritten Strukturgitterrasters herleiten muss.

Beispiele zum
Verständnis des
„theokratischen Typus"

Die göttliche Verehrung des Kaisers stellt ein unverkennbares Merkmal dar, das die Ähnlichkeit des japanischen Herrschaftsverständnisses mit dem theokratischen Herrschaftsverständnis der frühen Hochkulturen belegt. Sie galt bis 1945, wo sie auf Druck der Amerikaner aufgegeben wurde. Die Verfassung wurde noch im 19. Jahrhundert als Geschenk des Kaisers an sein Volk betrachtet und galt als Dokument göttlicher Weisheit; sie war wie der Kaiser Gegenstand göttlicher Verehrung. Man stelle sich vor, man würde diese Prädikatierungen auf europäische Königshäuser oder Verfassungen anwenden, dann würden die Unmöglichkeit, ja Absurdität dieser Übertragung schlagartig ins Auge springen. Der „demokratische" und der „theokratische" Typus stellen Gegensätze, Polaritäten dar, die sich nicht vereinbaren lassen. Ihre Merkmale erscheinen einem Vertreter der jeweils anderen geschichtlichen Entwicklung unverständlich, sinnlos, absurd. Die historische Standortgebundenheit und die Wirksamkeit von Geschichte als die das Denken, Fühlen und Handeln bestimmende Kraft kommen hier zum Tragen. Sie lassen sich nur durch die Einsicht überwinden, dass es dem Fremden in Bezug auf unser Dasein nicht anders ergeht; auch ihm muss es unverständlich und absurd er-

Göttliche Verehrung
des Kaisers in Japan

scheinen. Zu einem Verständnis gelangt man erst, wenn man die Bedingungen des eigenen Daseins gedanklich dekonstruieren und die Konstruktion der anderen Zeit, des anderen kategorialen Typus, an seine Stelle setzen kann. Zur Orientierungskompetenz muss also hier die konstruktivistische Methodenkompetenz hinzukommen. Ersetzen wir unser durch die Sinneswahrnehmung bestimmtes Wirklichkeitsverständnis durch das des theokratischen Typus, erkennen wir, dass in ihm alle Wirklichkeit götterdurchdrungen ist – auch die Schrift. Dies gilt besonders für die Bedeutung der Schrift, des Schreibens und der „Heiligen Zeichen", der Hieroglyphen, im Alten Ägypten. Aus einer solchen Betrachtung geht hervor, dass man nicht von Sinnen sein muss, wenn man eine Verfassung zu einem Dokument göttlicher Weisheit erklärt. Dieser Gedanke wird eben aus der anderen Wirklichkeitskonstruktion und dem daraus resultierenden anderen Wirklichkeitsverständnis, die der Historiker freilegen muss, verständlich.[87]

Volkssouveränität und Kaiser

Auch die scheinbare Groteske bei der Verabschiedung der neuen Verfassung mit dem Prinzip der Volkssouveränität, die 1946 verkündet und 1947 in Kraft trat, wird vor diesem Hintergrund verständlich. Der damalige Innenminister Kanamori erklärte nämlich, dass Kaiser und Volk eine Einheit seien und daher die Souveränität auch beim Kaiser sei, wenn sie dem Volk übertragen werde. Die Verfassung wurde am Gedächtnistag des Kaisers Meji in Kraft gesetzt, der bereits vor hundert Jahren seinem Volk eine „demokratische Verfassung" gegeben hatte. Der Kaiser berichtete am Folgetag im Tempel seinem Vorfahr von „dieser sonderbaren neuen Verfassung."[88] Die Einheit von Kaiser und Volk entspricht dem Wirklichkeitsverständnis des theokratischen Typus ebenso wie auch der Bericht an den vor einem Jahrhundert verstorbenen Kaiser, der eben nach diesem Wirklichkeitsverständnis nach wie vor real und gegenwärtig ist. Im Wirklichkeitsverständnis des theokratischen Typus gibt es keine Scheidewand zwischen Diesseits und Jenseits; die Toten gehören der Wirklichkeit und Welt genauso an wie die Lebenden.

Anderes Wirklichkeitsverständnis auch im Alltag

Das andere Wirklichkeitsverständnis bestimmt nicht nur die Politik, sondern auch das Zusammenleben der Menschen und den Gebrauch der Sprache. Sehen wir uns folgenden Dialog an, der der Vorlage bei Krusche nachgebildet ist.[89]

„Regnet es?" – „Wenn Sie nichts dagegen haben, könnte es regnen, wenn Sie aber wollen, könnte auch die Sonne scheinen."

„Regnet es?" – „Vielleicht"

„Regnet es?" – „Ja"

Notwendigkeit der Dekonstruktion von Wirklichkeit

Nach unserem europäischen Wirklichkeitsverständnis würden wir den ersten Gesprächspartner wahrscheinlich für verrückt erklären und die zweite Antwort als eine Frechheit empfinden. Für das japanische Verständnis gilt das Umgekehrte. Die sachliche Antwort „Ja" oder „Nein", die wir als selbstverständlich empfinden, erscheint dem Japaner als Unmöglichkeit; so redet man nicht mit seinem Gegenüber. Die mittlere Antwort entspricht den gängigen Umgangsformen; und das, was uns als völlig abwegig erscheint, spiegelt die vollendete Form japanischer Höflichkeit wider. Um zu verstehen, was hier vorliegt, müssen wir wieder unser Wirklichkeitsverständnis, das wir ganz selbstverständlich und unbewusst in den Dialog hineininterpretiert haben, herausnehmen – dekonstruieren – und durch das Modell des japanischen ersetzen. Unser typologischer Schemabegriff der „Götterwirklichkeit" passt hier natürlich nicht; er trifft tatsächlich nur auf die Zeit der Vorgeschichte und der frühen Hochkulturen zu. Aber er zeigt uns den Weg, wie wir das Problem lösen können. Die Methodenkompetenz verlangt hier Kreativität und Phantasie. Der Weg, auf den wir verwiesen werden, ist, ein Wirklichkeitsverständnis zu finden, das uns dieses Problem lösen hilft. Was hat der Antwortende im Sinn, wenn er eine so verkünstelte Antwort wie im ersten Fall gibt oder einfach mit „vielleicht" antwortet? Gewiss nicht den Sachverhalt, vom dem wir annehmen, dass der Fragende ihn in Erfahrung bringen will. Er hat sein Gegenüber im Auge, von dem er nicht weiß, wie er den Sachverhalt aufnehmen wird. Ist er ihm angenehm oder bringt er ihn in eine missliche Lage? Diese Unklarheit veranlasst den Befragten, den Sachverhalt gar nicht zu benennen, sondern die Antwort so einzurichten, dass der Fragende unter keinen Umständen in eine unangenehme Lage gebracht wird. Die Antwort orientiert sich also nicht an der Sache, sondern am Gegenüber. Diese Beobachtung gilt durchweg für das japanische Sprechen und die japanische Sprache. Krusche nennt dies eine „Entsachlichung des Sprechens".[90]

Noch dramatischer erscheint uns diese Entwirklichung im nächsten Beispiel. Ein Besucher klingelt an der Haustür und wünscht den Hausherrn zu sprechen. Das Dienstmädchen erklärt, dass der Hausherr leider nicht da sei. In diesem Augenblick erscheint derselbe im Hintergrund; er nimmt den Gast wahr und wird auch von ihm wahrgenommen. Für unser europäisches Verständnis wäre dies eine Situation von höchster Peinlichkeit, die das Verhältnis von Besucher und Hausherr schwerwiegend belasten könnte. Nicht so in Japan. Der verleugnete Hausherr ist nicht da, wenn er nicht da sein will, selbst wenn er dem Besucher Auge in Auge gegenübersteht. Und diese Verleugnung hat keinerlei Konsequenz für die Beziehung der beiden zueinander. Man verhält sich so, als ob – und nun bewegen wir uns wieder in europäischen Kategorien – die Fiktion Tatsache wäre. In Japan ist allerdings weder das eine eine Fiktion noch das andere eine Tatsache. Tatsache ist für Japan der soziale Bezug, nicht die Sinneswirklichkeit. So können wir sagen, dass sich die „Götterwirklichkeit" des theokratischen Modells zu einer „Sozialwirklichkeit" fortentwickelt hat. Sie nimmt in Japan die Stelle ein, die für uns die Sinneswirklichkeit hat. So helfen unsere Kompetenzen im Zusammenwirken von Orientierungs-, Methoden- und Sachkompetenz einen Sachverhalt zu verstehen, vor dem wir zunächst wie vor einem unlösbaren Rätsel stehen.

Ein letztes Beispiel aus der Domäne „Selbstverständnis". In einem Film aus den 30er Jahren erregt folgende Handlung die Gemüter der Japaner.[91] Eine Familie ist finanziell ruiniert und am Verhungern; die Tochter soll daher in ein Bordell verkauft werden. Der Lehrer des Mädchens bekommt Wind von der Sache und sammelt Geld, um das Mädchen loszukaufen. Das Geld wird aber von der Mutter des Lehrers, einer wohlhabenden Restaurantbesitzerin, gestoh-

Gegenwärtig, aber nicht existent

Dekonstruktion von Selbstverständnis

len. Der Lehrer entdeckt den Diebstahl seiner Mutter, nimmt aber aus Verpflichtung gegenüber der Mutter die Schuld auf sich. Die junge Frau des Lehrers entdeckt die Wahrheit, schreibt einen Abschiedsbrief, in dem sie sich des Diebstahls bezichtigt, und begeht Selbstmord.

Statt persönlicher Verantwortung Loyalität gegenüber einem Kollektiv

Auch hier steht unser europäisches Verständnis vor einem Rätsel und scheint nicht wenig geneigt, die ganze Geschichte wiederum als Absurdität auf sich beruhen zu lassen. Wir würden das Verhalten des Lehrers gegenüber seiner Schülerin loben, gegenüber seiner Mutter aber tadeln und die Mutter moralisch aufs Schärfste verurteilen. Der Selbstmord der jungen Frau bliebe uns unverständlich und sinnlos. Die Japaner dagegen reagierten voller Lob für den Sohn; er hat sich vorbildlich verhalten und geht als Held aus der Geschichte hervor. Das Verhalten der Mutter wird überhaupt nicht zur Diskussion gestellt; und die junge Frau scheint keiner Erwähnung wert zu sein. Zumindest berichtet unser Gewährsmann Krusche davon nichts. Entsprechend unseren Wertekategorien ist die Mutter für ihr Verhalten verantwortlich und zur Rechenschaft zu ziehen; unsere moralische Beurteilung bezieht sich auf das individuelle Verhalten. Die Schuld der Mutter zu vertuschen, würden wir als eine Schuld des Sohnes betrachten und sie möglicherweise auf eine verdächtige Beziehung zwischen Sohn und Mutter zurückführen. Wir bewerten beide Male die Schuld individuell und im Hinblick auf die Sache des Diebstahls, der in dieser Konstellation besonders verwerflich erscheint. Um das japanische Verhalten zu verstehen, müssen wir also wieder eine Dekonstruktion vornehmen und unsere Perspektive auf die Individuen und auf die Sache aufgeben. Entsprechend unseres typologischen Schemas müssen wir die Lösung im Bereich des kollektiven Bewusstseins suchen. Nicht die Tat zählt für die Beurteilung des Verhaltens der Mutter, sondern ihre Rolle als Mutter und die dadurch begründete Verpflichtung des Sohnes ihr gegenüber. Nicht das individuelle Verhalten der Mutter, sondern die Rollenkonstellation innerhalb des Kollektivs der Familie schafft also den Maßstab für die Bewertung; für diesen Maßstab ist das Verhalten der Eltern grundsätzlich tabu; es ist per Kollektiv- und Rollenverständnis über jede Kritik erhaben. An diesem gesellschaftlich gültigen Verständnis hat sich der Sohn orientiert; daher ging er als Held aus der Geschichte hervor. Anstelle individueller Moral haben wir es mit einer Loyalität gegenüber einer Gruppe, einem Kollektiv, zu tun. Persönliche Schuld und Verantwortung spielen hier keine Rolle; sie gehören der europäischen Entwicklung an, die sich im „demokratischen Typus" widerspiegelt.

In den Beispielen kam auch die konstruktivistische Methodenkompetenz zu ihrem Recht; die traditionelle schulische Form der Methodenkompetenz haben wir bereits im 3. Kapitel besprochen, so dass wir auf sie nicht mehr einzugehen brauchen.

Bleibt uns daher noch, den Bezug der Handlungskompetenz zum Strukturgitter darzulegen. Einen zentralen Bezug haben wir bereits unausgesprochen und indirekt dargelegt. Er besteht darin, dass wir uns durch das Fremdverstehen gegenüber dem und den Fremden richtig verhalten können, weil wir das Fremdverhalten verstehen und daher in unser Verhalten integrieren können.

Abwehr und Ablehnung werden dadurch vermieden, Verständnis und Integration geschaffen.

Sofern die Handlungskompetenz sich auf das eigene Umfeld und den eigenen Typus bezieht, nimmt sie zweierlei Formen an: Entweder kann sie vorhandene Strukturen weiterentwickeln oder darauf achten, dass die vorhandenen Strukturen in rechter Weise benutzt werden. Die Handlungskompetenz setzt das typologische Denken voraus, denn es zeigt, wie die Dinge typologisch sein sollen. Dadurch wird die Voraussetzung für den Vergleich mit der Realität geschaffen, durch den Missstände oder Verbesserungsmöglichkeiten erkannt werden können. Dass sie dann auch in die Tat umgesetzt werden, setzt eine affektive Bereitschaft voraus, die in diesem Falle wieder zu Recht Teil der Kompetenz ist. Denn ein Handeln ohne motivationalen Antrieb ist nicht denkbar.

Inhaltlich bilden alle Bereiche, in denen Missstände festgestellt werden oder Weiterentwicklungen sinnvoll sind, die Domäne der Handlungskompetenz. Ihre Beschreibung ist naturgemäß detaillierter und kleinräumiger als das Strukturgitter für die Gesamtdomäne. So könnte z. B. die Gewaltenteilung eine weitere Differenzierung der Unterdomäne „Demokratie" darstellen und zum Ansatzpunkt für die Handlungskompetenz werden. Der typologische Begriff „Gewaltenteilung" verlangt eine strikte Trennung der Gewalten, da sie sich sonst nicht wirksam kontrollieren können. Montesquieu hat diese konsequente Trennung klar und deutlich formuliert und verlangt. Eine Analyse der politischen Strukturen muss Auskunft geben, ob eine solche klare Trennung vorliegt oder nicht. Im negativen Falle wären die Mittel und Wege zu beschreiben, wie Abhilfe geschaffen werden kann.

Die allen Kompetenzen zugrunde liegende Sachkompetenz wird durch die kategorialen Begriffe der Domänen beschrieben, die wir in den Strukturgittern aufgeführt haben. Dadurch gewinnt die Sachkompetenz eine inhaltliche Konkretion und Verdichtung ohne auf die Ebene der konkreten Inhalte zurückzufallen. Dadurch unterscheidet sich unsere Beschreibung der Sachkompetenz von den Beschreibungen des FUER-Modells und des Modells des Verbands der Geschichtslehrer Deutschlands; das FUER-Modell bleibt oberhalb der Typologie und damit zu abstrakt; das Modell des VGD bewegt sich darunter auf der Ebene der konkreten Inhalte und verliert dadurch die Kompetenzorientierung.

Die kategorialen Begriffe werden durch Prinzipien der Geschichtswissenschaft ergänzt. Sie sind nicht neu und brauchen daher nur aufgezählt werden:

- Multiperspektivität
- Multikausalität
- Ideologiekritik
- Offenheit des Geschichtsprozesses
- Kontroversität
- usw.

Marginalien:

Handlungskompetenz und typologische Beschreibung

Sachkompetenz

Ergänzung der typologischen Kategorien des Strukturgitters

Zu ihnen kommen spezielle Prinzipen des Geschichtsunterrichts hinzu:
- Problemorientierung
- didaktische Reduktion
- Konkretion – das Allgemeine am Einzelfall zeigen
- Anschaulichkeit
- Elementarisierung – Zerlegen des Lernvorgangs in Arbeitsschritte
- Exemplarität – Charakteristisches auswählen
- usw.

Zentrale sachliche Prinzipien des kompetenzorientierten Unterrichts

Die zentralen sachlichen Prinzipien des kompetenzorientierten Unterrichts umfassen die didaktische Reduktion, die Problemorientierung und die Typologisierung. Das typologische Wissen bildet zugleich die lerntheoretische Grundlage der Kompetenzbildung.

6.4 Niveaustufen der Kompetenzen

Fassen wir unsere Überlegungen zu den Niveaustufen, die wir bei den handwerklich-methodischen Kompetenzen entwickelt haben, in einer Übersicht zusammen; sie kann sowohl der Bestimmung wie auch der Überprüfung des Kompetenzniveaus dienen. Die Operatoren sind wieder dem Basisoperatorenkatalog entnommen und können bei Bedarf entsprechend erweitert oder verändert werden. Die Niveauebene muss allerdings beibehalten werden.

Schema zur Bestimmung und Überprüfung des Kompetenzniveaus

Schema zur Bestimmung und Überprüfung des Kompetenzniveaus		
Niveaustufe	Beschreibung	Operator
A	wiedergeben (Wissen, Reproduktion)	„nennen, herausarbeiten, beschreiben, charakterisieren" usw.
B	selbstständig vertiefende Fragen stellen, Probleme erkennen, Wissen und Können auf andere Zusammenhänge übertragen (Problembewusstsein, Transfer)	„erstellen, darstellen, analysieren, einordnen, begründen, erklären, erläutern, vergleichen" usw.
C	selbstständig Probleme lösen, das Vorgehen bedenken und begründen (Problemlösefähigkeit, Reflexion)	„überprüfen, beurteilen, bewerten, erörtern, gestalten" usw.

Mit der Benennung der Kompetenz, der Domänenbeschreibung, den Niveaustufen und Operatoren erhalten wir Gesamtschemata für die Inhalte der einzelnen Kompetenzen. Inhaltlich haben wir sie bereits erläutert, so dass wir uns hier auf ihre schematische Darstellung beschränken können.

Gesamtschema
Orientierungskompetenz

Orientierungskompetenz:

Die Schülerinnen und Schüler können

(a) sich in der Geschichte orientieren

(b) ihren Standort und ihre Identität in der Geschichtsentwicklung erkennen

(a) sich in der Geschichte orientieren

Domäne	Niveaustufe		Operator
· Herrschaft · Gesellschaft · Recht · Wirtschaft · Krieg · Selbstverständnis · Religion · Wissenschaft · Wirklichkeit (Unterdomänen wie unten angegeben)	A	Wiedergabe	z. B. Herrschaftsformen benennen und zeitlich einordnen können
	B	Problembewusstsein entwickeln, Analysefähigkeit	z. B. Fragen nach dem Zusammenhang von Herrschaftsform und Gesellschaft, Religion usw. stellen können
	C	Problemlösung, methodische Reflexion	z. B. erläutern, warum eine bestimmte Herrschaftsform gerade in einer bestimmten Zeit auftritt

(b) Standort und Identität erkennen

Domäne	Niveaustufe		Operator
· Herrschaft · Gesellschaft · Recht · Wirtschaft · Krieg · Selbstverständnis · Religion · Wissenschaft · Wirklichkeit (Unterdomänen wie unten angegeben)	A	Wiedergabe	z. B. den eigenen Standort, die eigenen Identität beschreiben können
	B	Problembewusstsein entwickeln, Analysefähigkeit	z. B. die Bedeutung des Standorts, der Identität analysieren können
	C	Problemlösung, methodische Reflexion	z. B. Standort und Identität beurteilen und bewerten, das Fremdverstehen methodisch begründen können

Gesamtschema
Methodenkompetenz

Methodenkompetenz:

Die Schülerinnen und Schüler verstehen den konstruktivistischen Aufbau der Wirklichkeit und des Geschichtswissens

Domäne	Niveaustufe		Operator
· Herrschaft · Gesellschaft · Recht · Wirtschaft · Krieg · Selbstverständnis · Religion · Wissenschaft · Wirklichkeit (Unterdomänen wie unten ange- geben)	A	Wiedergabe	z. B. verschiedene Wirklichkeitskonstruktionen benennen
	B	Problembewusstsein entwickeln, Analysefähigkeit	z. B. Bedeutung der Wirklichkeitskonstruktion für das Sich-Verstehen erläutern
	C	Problemlösung, methodische Reflexion	z. B. ein Verstehen durch De- und Rekonstruktion methodisch herbeiführen können

Gesamtschema
Handlungskompetenz

Handlungskompetenz:

Die Schülerinnen und Schüler handeln aus historischem Verständnis situations- und sachangemessen

Domäne	Niveaustufe		Operator
Domänenbeschreibung wie oben	A	Wiedergabe	z. B. Missstände und Ziele benennen
	B	Problembewusstsein entwickeln, Analysefähigkeit	z. B. Ursachen der Missstände analysieren
	C	Problemlösung, methodische Reflexion	z. B. Vorschläge zur Behebung der Missstände reflektiert entwickeln

Gesamtschema
Sachkompetenz

Sachkompetenz:

Die Schülerinnen und Schüler verfügen über vernetztes typologisches Wissen

Domäne	Niveaustufe		Operator
· Herrschaft · Gesellschaft · Recht · Wirtschaft · Krieg · Selbstverständnis · Religion · Wissenschaft · Wirklichkeit (Unterdomänen wie unten angege- ben)	A	Wiedergabe	z. B. Herrschafts-, Gesellschafts-, Religionsformen usw. beschreiben
	B	Problembewusstsein entwickeln, Analysefähigkeit	z. B. Funktionsweisen von Herrschafts-, Gesellschafts-, Religionsformen usw. analysieren
	C	Problemlösung, methodische Reflexion	z. B. Typus und Realität von Herrschafts-, Gesellschafts-, Religionsformen usw. vergleichen und beurteilen, Angemessenheit einer Herrschaftsform beurteilen

7 Das Kompetenzentwicklungsmodell

7.1 Lerntheoretische Voraussetzungen der Kompetenzorientierung

Bisher haben wir uns mit der inhaltlichen Seite der Kompetenzen und des Kompetenzmodells befasst. Der kompetenzorientierte Unterricht verlangt aber auch eine Antwort auf die Frage, wie die genannten Kompetenzen lerntheoretisch entwickelt werden sollen. Die vorliegenden Kompetenzmodelle geben darauf keine befriedigende oder gar keine Antwort. Es bedarf keiner Erläuterung, dass es sich beim Kompetenzerwerb um einen längerfristigen Prozess handelt; nur sehr simple methodische Kompetenzen wie z. B. die Bedienung eines Tageslichtprojektors sind in kurzer Zeit erwerbbar. Aber auch sie bedürfen der Wiederholung, um nicht über kurz oder lang der Vergessenheit anheimzufallen.

Der Lernprozess ist ein lebendiger und individueller Vorgang, in den sich die Lehrerinnen und Lehrer sorgfältig hineindenken und hineinarbeiten müssen, um zu durchschauen, was ihr Unterricht und ihre Lehrtätigkeit bei Schülerinnen und Schülern bewirken. Die konstruktivistische Lerntheorie geht davon aus, dass Wissen nicht transferiert, sondern individuell generiert wird. Das bedeutet, dass alle neuen Informationen in einen bereits vorhandenen Wissensbereich, das sog. Hintergrundwissen, aufgenommen und in diesen eingepasst werden, so dass sie innerhalb dieses Hintergrundwissens Sinn und Bedeutung erhalten. Die Sach- und Erklärungsstrukturen des Hintergrundwissens werden auf die neuen Informationen übertragen – gleichgültig, ob sie dazu passen oder nicht. Das Hintergrundwissen trifft eine Vorauswahl von relevantem und nicht relevantem Wissen. Wissen, das nicht in das Hintergrundwissen integriert werden kann, gilt als irrelevant und wird von vornherein aussortiert. Es erreicht den Gedächtnisspeicher erst gar nicht. Daher gilt das Hintergrundwissen als die bedeutendste Determinante des individuellen Lernerfolgs. Sie rangiert höher als Intelligenz und Alter. „Wissen schlägt Intelligenz" – wie es Elsbeth Stern einmal formulierte. Der Aufbau von Wissen und die Bildung von Kompetenzen müssen also beim Aufbau des Hintergrundwissens und seiner Interpretationsstrukturen beginnen; der Lehrer darf nicht nur Wissen vermitteln wollen, sondern er muss dafür sorgen, dass durch die Erzeugung eines entsprechenden Hintergrundwissens das Wissen auch so aufgenommen werden kann, wie er es beabsichtigt hat und wie es zur Transformation in eine Kompetenz notwendig ist.

Entwicklung von Kompetenzen – ein längerfristiger Prozess

Der Lernvorgang – ein lebendiger und individueller Prozess

Rolle des Hintergrundwissens

Wissensvermittlung durch Aufbau von Hintergrundwissen

Strukturgitter zum Aufbau von Hintergrundwissen

Dem gezielten und planmäßigen Aufbau des Hintergrundwissens dienen die Strukturgitter, denn sie vermitteln keine isolierten Begriffe, sondern Begriffsnetze, die als Ganze aufgebaut, gelernt und eingeübt werden. Die Begriffe und Typologien werden immer in einem begrifflichen bzw. typologischen Zusammenhang vermittelt. So wird vermieden, dass sie durch das schon vorhandene Vorwissen automatisch und unreflektiert in ungeeignete Zusammenhänge gebracht oder gar mit keinem Vorwissen verknüpft und dadurch schnell wieder vergessen werden. Der Kontext für das begriffliche und prozedurale Wissen wird durch die Domänenbeschreibung hergestellt, der kumulative Aufbau wird durch die innere Strukturierung der Kompetenz ermöglicht, die mentalen Modelle werden durch die typologischen Beschreibungen und die konstruktivistische Konstruktionskompetenz aufgebaut. Die Einmaligkeit des Lernvorgangs verlangt eine eigene Hinwendung zu den Schülerinnen und Schülern. Sie erfolgt in schülerzentrierten Unterrichtsformen und in der direkten Ansprache und Frage der Schülerinnen und Schüler an sich selbst: „Kann ich …?"

Schema zur Bestimmung und Überprüfung des Kompetenzniveaus			
Kann ich …?	Niveaustufe	Beschreibung	Operator
	A	wiedergeben (Wissen, Reproduktion)	„nennen, herausarbeiten, beschreiben, charakterisieren" usw.
	B	selbstständig vertiefende Fragen stellen, Probleme erkennen, Wissen und Können auf andere Zusammenhänge übertragen (Problembewusstsein, Transfer)	„erstellen, darstellen, analysieren, einordnen, begründen, erklären, erläutern, vergleichen" usw.
	C	selbstständig Probleme lösen, das Vorgehen bedenken und begründen (Problemlösefähigkeit, Reflexion)	„überprüfen, beurteilen, bewerten, erörtern, gestalten" usw.

Eine solche Selbstüberprüfung des Kompetenzerwerbs steht am Ende jeder kleineren oder größeren Unterrichtseinheit, die Elemente zum Aufbau einer Kompetenz beigetragen hat.

Schematische Notierung und lernpsychologisches Schema

Die schematische Notierung der Kompetenz verfolgt einen weiteren lerntheoretischen Zweck. Der Begriff „Schema" wird nicht nur in der Alltagssprache, sondern auch in der Fachsprache der Lernpsychologie benutzt. Dort versteht man unter „Schema" bzw. „Schemata" Organisations- und Ordnungsstrukturen des Wissens. Sie verknüpfen Wissenselemente zu Einheiten, die sowohl auf der kognitiven wie auf der Handlungsebene liegen können und auch beide Ebenen verbinden. Sie erfüllen damit das konstitutive Merkmal einer Kompetenz, Wissen mit Können zu verbinden bzw. Wissen in Können zu transformieren; sie sind für das Verständnis wie auch den Erwerb einer Kompetenz von besonderer Bedeutung. Die lernpsychologische Schemabildung beginnt bereits im Säuglingsalter und durchzieht das ganze menschliche Leben.

> „Wenn der Säugling gezielt nach Gegenständen seiner Umwelt zu greifen beginnt, entwickelt er durch die Wiederholungen ein einfaches Handlungsschema. Wenn er beginnt, den Schnuller auf den Boden zu werfen in der Erwartung, dass Mutter oder Vater ihn aufheben und zurückreichen, entwickelt er wieder ein spezifisches Handlungsschema, das Prüfungen von Bedingungen gegen einen Standard enthält. Das setzt freilich voraus, dass die Merkmale einzelner Handlungen wie auch der involvierten Gegenstände dauerhaft im Wissensgedächtnis fixiert und einer fortlaufenden Abstraktion unterworfen werden, indem die situationsinvarianten Merkmale von Handlungen und Gegenständen herausgelöst und zunehmend verdichtet werden."[92]

In dieser Beschreibung ist der Entstehungsprozess einer Kompetenz in nuce enthalten: Er beginnt mit einer zielgerichteten Handlung, die durch Wiederholung zu einem Handlungsmuster, einem Schema, wird. Dann wird das Handlungsmuster durch eine neue Komponente erweitert, die wiederum durch Wiederholung zu einem neuen Handlungsmuster wird, indem Vater und Mutter in das Handlungsschema einbezogen werden. Begleitet wird dieser Prozess von einer dauerhaften Fixierung der Gegenstände im Wissensgedächtnis sowie von einer fortlaufenden Abstraktion, bei der die zentralen Elemente des Handlungsmusters aus der konkreten Umgebung heraus- und von den konkreten Gegenständen abgelöst werden. So entsteht ein Handlungskern, der über die ursprüngliche singuläre Situation hinausweist und nun auch unter anderen Rahmenbedingungen realisiert werden kann. Das Handlungsmuster wird sozusagen universell, allgemein. Zugleich „verdichtet" es sich auf wesentliche Grundstrukturen, die eine kreative Realisierung in anderen Zusammenhängen erlauben. Auf diese Weise entsteht aus vielen Einzelerfahrungen über den Weg der Schematisierung eine allgemeine Befähigung und Fertigkeit – die Kompetenz. Bildlich gesprochen stellen diese Schemata die Bausteine der Kompetenzen dar, wenngleich ihre Reichweite über die von Kompetenzen hinausgeht, insofern alles Wissen und Können sich in Schemata organisiert. Sie bilden daher auch die „Bausteine eines konstruktiven Bewusstseinsbegriffs".[93] Gerade der letzte gewinnt für den Historiker und Geschichtslehrer eine besondere Bedeutung, wie wir bei der Konstruktionskompetenz gesehen haben.

Lernpsychologische Schemabildung

Betrachten wir die lerntheoretische Bedeutung der Schemata in der Darstellung von Norbert M. Seel und erinnern uns dabei an unsere Betrachtungen zu Japan:

Lerntheoretische Bedeutung der Schemata

> „Aufgrund einer Literaturanalyse unterschieden Mandl et al. (1988) zunächst zwei zentrale Funktionen von Schemata:

(1) die aufmerksamkeitssteuernde Funktion, insofern Schemata die Verteilung der Aufmerksamkeit auf schemabezogene und nicht-schemabezogene Information steuern;

(2) die Integrationsfunktion, insofern Schemata bei der Enkodierung neuer Information als kohärenz- und verständniserzeugender Rahmen wirken, der die Integration der zu verarbeitenden Information erleichtert.

Den generischen Charakter von Schemata in Rechnung stellend, der darauf zurückzuführen ist, dass Schemata Variablen haben, ist eine dritte Funktion zu unterscheiden, die wir als

(3) Inferenzfunktion bezeichnen, da sie zu sinnvollen und bedeutungshaltigen Schlussfolgerungen befähigt.

Schema: Plan zur Lösung einer Aufgabe

Wir führen die Inferenzfunktion auf Selz (1913) zurück, der unter einem Schema ein Netzwerk von Begriffen verstand, das den Denkprozess leitet und eine Person zu sinnvollen und bedeutungshaltigen Schlussfolgerungen befähigt. Darauf stützt sich auch die weitergehende Annahme von Selz, dass ein Schema einen Plan in Bezug auf die Lösung einer Aufgabe darstellt, indem es die Denkprozesse in erfolgversprechende Richtungen lenkt und spezifische Erwartungen bezüglich möglicher Ergänzungen unvollständiger Aktualisierungen eines Schemas auslöst. Auf diese Weise besorgen Schemata laut Selz die Grundlage für ‚geordnete Denkverläufe': Die Lösung eines Problems wird nicht durch ungerichtete Assoziationen, sondern durch ein Suchen nach und Finden von Information herbeigeführt, die sinnvoll in die Leerstellen eines Schemas eingesetzt werden kann, um dieses zu vervollständigen."[94]

Schemata zur Problemlösung

Diese Schemafunktionen haben wir bei unseren Japanbeispielen genutzt. Ohne das Wirklichkeitsschema wären wir über den „Regnet es?"-Dialog als unverständliche Kuriosität hinweggegangen; mit ihm erregt er unsere Aufmerksamkeit und führt zu der Fragestellung, ob diese sonderbare Kommunikation etwas mit dem Wirklichkeitsverständnis zu tun haben könnte. Durch das Schema konnten wir den Dialog in unser Wissen einordnen, ihm einen Sinn geben und durch die Konstruktionskompetenz der Lösung des Problems auf die Spur kommen. Der Zusammenhang von Schema und Kompetenz wird damit evident. Im Schema liegt die Nahtstelle, an der das Wissen in Können übergeht. Und zwar in ein Können, das einen Plan zur Lösung eines Problems enthält. Selz' Schemadefinition ist damit fast deckungsgleich mit Pandels Definition einer Kompetenz, die wir am Anfang zitiert haben: „Eine Kompetenz ist eine domänenspezifische Problemlösungsfähigkeit."[95]

Kompetenz - eine domänenspezifische Problemlösefähigkeit

7.2   Die Struktur des Kompetenzentwicklungsmodells

Wie wir gesehen haben ist das Einüben und Wiederholen von Wissen, Handlungen und Strukturen die Grundvoraussetzung zur Bildung einer Kompetenz. Lerntheoretisch können wir diesen Prozess des Kompetenzerwerbs in fünf Elemente gliedern, die sowohl nacheinander als auch nebeneinander wirksam werden können:

Schritte zur Bildung einer Kompetenz

(1) am Anfang steht eine erste Erarbeitung des Wissens

(2) das Wissen wird in weiteren Arbeitsschritten quantitativ erweitert (Progression)

(3) es erhält eine qualitative Vertiefung, indem die kognitiven Zusammenhänge immer besser ausgearbeitet und verstanden werden

(4) das Wissen muss regelmäßig wiederholt werden und geht nach und nach durch Abstraktion von den konkreten Details des Wissenserwerbs in den Bereich des Könnens über

(5) es findet eine Vernetzung statt, wodurch die Schemata als Bausteine der Kompetenz und zuletzt die Kompetenz selbst gebildet werden

Allgemeine Struktur des Kompetenzentwicklungsmodells	
Erarbeitung	Wiederholung
Progression	Vertiefung
	Vernetzung
Aufnahme neuer Inhalte	**Verarbeitung der Inhalte zu Schemata und Kompetenzen**

Strukturelle Klarheit und Konkretion

Das Kompetenzstrukturgitter gibt die Inhalte der Erarbeitung und der Verarbeitung vor. Dazu müssen die Kompetenzen in hinreichender struktureller Klarheit und Konkretheit beschrieben werden. Die Vernetzung in der Vertikalen beschreibt die Progression innerhalb einer Domäne. Die Kategorie „Herrschaft" wird zunächst in der Form der Theokratie entfaltet; später kommen die weiteren Herrschaftsformen der Aristokratie und der Demokratie hinzu. Der Typusbegriff „Herrschaft" wird dadurch zunehmend komplexer und gewinnt durch die gegenseitige Abgrenzung der Unterdomänen an Präzision und Vertiefung. Besonderes Gewicht muss auf die stetige und regelmäßige Wiederholung dieser typologischen Begriffe gelegt werden. Bei der Einführung der Aristokratie muss also die Theokratie wiederholt und mit der Aristokratie verglichen werden usw. Der gleiche Schritt der Wiederholung und des Vergleichs muss bei der Behandlung der Demokratie wieder durchgeführt werden. So führt die stetige Wiederholung nicht nur zu einer besseren Verankerung der Begriffe im Gedächtnis, sondern zugleich zu ihrer routinemäßigen Vernetzung, die ihrerseits über kurz oder lang zur Schema- und Kompetenzbildung führt.

Strukturgitter regt Fragen nach Bezügen und Abhängigkeiten an

Das Gleiche gilt für die Vernetzung in der horizontalen Gitterspalte. Das Gitter vernetzt die Domänen untereinander und regt Fragen nach ihren gegenseitigen Bezügen und Abhängigkeiten an. Das Wissen wird auf diese Weise vertieft und „intelligent". Durch die Verknüpfungen sowohl in der Vertikalen wie auch in der Horizontalen werden im Hintergrundwissen ganz bestimmte Raster erzeugt und verankert, die das Denken in bestimmte Bahnen lenken und so zielgerichtet machen. Der typologische Begriff „Theokratie" ist mit ganz bestimmten anderen verbunden, nach denen sofort gefragt wird, wenn das Theokratieraster aktiviert wird. Es führte uns in unserem Japanbeispiel zu den Begriffen des kollektiven Bewusstseins bzw. der Götterwirklichkeit, die uns auf den Weg der Problemlösung brachten. Die Vernetzung hat sich so als Problemlösefähigkeit und Kompetenz erwiesen.

Didaktische Reduktion

Wiederholung, Vertiefung und Vernetzung sind nur möglich, wenn die Inhalte entsprechend reduziert und zu kategorialem bzw. typologischem Wissen geworden sind. Denn nur das kategoriale und typologische Wissen lässt sich hinreichend wiederholen, vertiefen und vernetzen und damit zu Kompetenzen umbilden. Darin haben wir den lerntheoretischen Grund, warum die Fülle der inhaltlichen Details, wie sie z. B. das Kompetenzmodell des Verbands der Geschichtslehrer Deutschlands vorschlägt, zu keiner Kompetenzbildung führen kann. Sie erlaubt weder eine hinreichende Wiederholung noch eine schematische Vernetzung, die wir als Grundvoraussetzung der Kompetenzbildung erkannt haben. An beiden Defiziten sind sowohl der stofforientierte wie auch

Nur Kompetenzorientierung kann Nachhaltigkeit erreichen

der lernzielorientierte Unterricht gescheitert; beide haben die notwendige Vernetzung der Inhalte versäumt und damit weder Kompetenzbildung noch Nachhaltigkeit erreichen können. Die Vermittlung von typologischem Wissen und der lerntheoretisch reflektierte und organsierte Prozess des Kompetenzerwerbs erweisen sich damit als notwendige Voraussetzung der Kompetenzbildung und als Merkmal des kompetenzorientierten Geschichtsunterrichts. Es genügt nicht, die Kompetenzbildung nur als allgemeines Ziel zu formulieren, sondern der kompetenzorientierte Unterricht muss die Struktur der Kompetenz hinreichend klar beschreiben und die Wege zu ihrem Erwerb sowohl theoretisch darlegen als auch in konkreten Unterrichtsschritten darstellen können. Er braucht dazu die Einheit von Kompetenzstruktur- und Kompetenzentwicklungsmodell.

7.3 Das Kompetenzmodell als Einheit von Kompetenzstruktur- und Kompetenzentwicklungsmodell

Die Fachwissenschaft kann sich auf die Entwicklung eines Kompetenzstrukturmodells beschränken, wie es die FUER-Gruppe getan hat. Die Schule braucht beide Modelle, die im konkreten Lernprozess zusammengeführt werden müssen.

Sukzessive und kumulative Erarbeitung einer Kompetenz

Die Inhalte der Domänen müssen so auf den Gang des Unterrichts verteilt werden, dass sie sukzessive und kumulativ erarbeitet, wiederholt, vertieft und vernetzt werden können. Dies setzt eine langfristige Planung des gesamten Geschichtsunterrichts voraus. Die Zielvorgabe bildet das geordnete Strukturgitter, wie wir es bei der Darstellung der Orientierungskompetenz beschrieben haben. Seine Inhalte werden im Laufe der Schuljahre Schritt für Schritt erarbeitet und in dem Schema zusammengetragen.

Schematisch sieht das Kompetenzmodell als Einheit von Kompetenzstruktur- und Kompetenzentwicklungsmodell so aus:

Allgemeine Form des Kompetenzmodells			
Strukturmodell		**Entwicklungsmodell**	
Domänen	Niveaustufen	Erarbeitung	Wiederholung
Unterdomänen	Operatoren	Progression	Vertiefung
			Vernetzung
Materialer Aspekt:		**Lerntheoretischer Aspekt:**	
Inhalt der Kompetenz		**Erwerb der Kompetenz**	

Das Schema der Domänenbeschreibung kann als Ganzes schon früh in den Heften der Schülerinnen und Schüler festgehalten werden. Die Einteilung der Geschichte in Domänen kann bereits im ersten Lehrjahr erfolgen. Das Ausfüllen der Unterdomänen wird sich über mehrere Schuljahre erstrecken. Die Elemente, die behandelt worden sind, werden in das Schema eingetragen, andere Felder bleiben leer und verweisen auf künftige Arbeitsvorhaben. Dadurch erhält der Unterricht für die gesamte Schulzeit eine klare Struktur und Zielrichtung. Seine Planung wird nicht mehr nur von der Lehrerpersönlichkeit, dem jeweiligen Bildungsplan oder Schulbuch abhängen, sondern vor allem in der Struktur der Sache „Geschichte" und der entsprechenden Kompetenzentwicklung begründet und verankert sein. Die Schülerinnen und Schüler werden einen roten Faden durch die Masse der historischen Details schlagen und das Diktum von der „Geschichte als Kontingenz par excellence" Lügen strafen können; denn auf der Ebene der typologischen Beschreibung zeigt sie eine erstaunlich klare Struktur, die man durch entsprechende Fragen und Perspektiven nur aufdecken muss.

Eine typologische Betrachtung führt zu klaren Strukturen in der Geschichte

Auch hier rächt es sich, wenn man die Typologie über dem Detail vergisst. Die Struktur in der Sache bereitet der Struktur in den Köpfen den Weg. Ohne sie sind weder eine Sach- noch eine Kompetenzorientierung möglich und erreichbar.

Die strenge didaktische Reduktion auf die Grundelemente der jeweiligen Domänen schafft Freiräume für weitere Inhalte, die im Schulcurriculum, im Interesse der Schülerinnen und Schüler u. a. begründet sein können. Der Unterricht braucht sich also nicht auf die Erarbeitung der Strukturgitter zu beschränken; sie bilden das tragende Gerüst des Unterrichts, das im Einzelfall durch weitere Thematiken ergänzt oder ausgefüllt werden kann.

Sollen die Inhalte des Strukturgitters als horizontale Querschnitte oder als vertikale Längsschnitte erarbeitet werden? Beide Varianten sind möglich und können entsprechend dem Alter der Schülerinnen und Schüler angewandt werden. Der horizontale Querschnitt behält die chronologische Abfolge bei und behandelt die Inhalte der einzelnen Domänen in ihrem Nebeneinander. Damit bleibt er näher am Bild der tatsächlichen Geschichtswirklichkeit und eignet sich daher vorrangig für den Unterricht in den unteren Klassenstufen. Der vertikale Längsschnitt setzt ein gewisses Abstraktionsvermögen voraus, indem er große Teile der Geschichtswirklichkeit zunächst ausblendet und ihre Inhalte in einer Weise anordnet, die nicht der historischen Wirklichkeit, sondern einer strukturellen Intention folgt. Daher taugt ein solches Verfahren eher

Erarbeitung des Strukturgitters als Längs- oder Querschnitt

für einen zweiten Durchgang durch die Geschichte und den Unterricht in der Oberstufe. Der Querschnitt macht vor allem die Abhängigkeiten der Elemente untereinander sichtbar und analysiert das Bedingungsgefüge der Geschichte; der Längsschnitt arbeitet die großschrittigen Veränderungen in der historischen Entwicklung heraus. Hier entsteht das Gesamtbild der Geschichte erst am Ende, wenn alle Längsschnitte behandelt sind und die Ergebnisse zu einem Gesamttableau vereinigt werden. Der Längsschnitt orientiert sich von vornherein an den kategorialen Domänen; beim Querschnitt ist besonders darauf zu achten, dass diese Kategorien klar und deutlich herausgearbeitet und festgehalten werden. Auch hier bietet es sich an, den Querschnitt den Domänen entsprechend zu strukturieren.

Langzeitplanung des Unterrichts

Für die Langzeitplanung des Unterrichts müssen die für die Kompetenzbildung wesentlichen Prozesse der Wiederholung, Vertiefung und Vernetzung sorgfältig bedacht und verortet werden. Bei der Behandlung der Theokratie in der Eingangsklasse sollten die Lehrerinnen und Lehrer schon die Möglichkeiten zur Wiederholung und Vertiefung dieser Thematik im Auge haben. Diese Möglichkeiten bieten sich immer dann, wenn neue Herrschaftsformen behandelt werden. Die Theokratie kann also zum ersten Mal im Zusammenhang mit der griechischen Polis wiederholt und durch einen Vergleich mit ihr vertieft werden; die nächste Möglichkeit bietet sich bei der römischen Herrschaft, die wie die griechische Herrschaft zunächst ganz anders strukturiert ist, im Kaiserkult aber wieder theokratische Formen annimmt. Im Vergleich von Theokratie und Kaiserkult lässt sich vieles für das historische Verständnis und die historische Urteilsbildung gewinnen. Das absolutistische Herrschaftsverständnis wie auch die Diktatorenverherrlichungen in den totalitären Systemen des 20. Jahrhunderts bieten zu einem solchen Vergleich reizvolle gedankliche Herausforderungen, die das Geschichtsverständnis außerordentlich fördern und vertiefen können. Solche konkreten Unterrichtsgestaltungen werden in den folgenden Bänden dieser Reihe vorgestellt werden. Hier müssen wir uns mit dem Hinweis auf ihre Möglichkeit begnügen und beim Gedanken der Kompetenzorientierung bleiben, für den die Wiederholungen, Vertiefungen und Vernetzungen der Domänen des Strukturgitters konstitutiv sind.

Verschränkung mehrerer Kompetenzen

Diese Erarbeitungen sind immer mit dem Gebrauch und der Einübung der anderen Kompetenzen verbunden. Der Vergleich der Theokratie mit der späteren Demokratie, dem Absolutismus und den totalitären Diktaturen fördert die Orientierungskompetenz, indem verständlich wird, dass äußerlich scheinbar Ähnliches in seiner tatsächlichen Qualität doch etwas ganz Anderes darstellt usw. Die konstruktivistische Methodenkompetenz zeigt das unterschiedliche Wirklichkeitsverständnis dieser Zeiten; hieraus wird z. B. ersichtlich, dass die Theokratie im Alten Ägypten Teil dieses generellen Wirklichkeitsverständnisses ist und somit in die Zeit passt, wogegen dieses beim Absolutismus und den Diktatoren des 20. Jahrhunderts nicht der Fall ist; diese Erscheinungen sind unzeitgemäß und haben daher keine Daseinsberechtigung. Damit wird ein Werturteil gefällt, das auf den ersten Blick der Objektivität und Wertneutralität der Geschichtswissenschaft zu widersprechen scheint. Aber so erscheint es eben nur dem ersten Blick; denn gerade durch die typologische Betrachtungsweise der Kompetenzorientierung werden solche Urteile möglich und sachlich begründbar. Denn die typologische Betrachtung ordnet Einzelphänomene in ein übergeordnetes Typusraster ein und kann dadurch unschwer erkennen, wann Phänomene typisch oder untypisch auftreten. Im zweiten Fall entsteht innerhalb des Typus eine Unlogik, die sich auf der realen Geschichtsebene als politische und soziale Unverträglichkeit niederschlägt. Sie fordert den Widerspruch und den Widerstand gegen solche Erscheinungen zu Recht heraus. Durch eine solche Erkenntnis wird die Handlungskompetenz angesprochen und entwickelt. Lernpsychologisch haben wir es mit der Inferenzfunktion eines Schemas bzw. einer Kompetenz tun.

Ermöglichung sachlich begründeter Werturteile

Auf dieser Grundlage der Einheit eines Kompetenzstruktur- und eines Kompetenzentwicklungsmodells kann ein Geschichtslehrplan und der Unterricht für die einzelnen Klassenstufen entworfen werden. Sein Aufbau und seine Inhalte werden in den Folgebänden dieser Reihe dargestellt werden.

Kompetenzmodell als Grundlage für Unterrichtsplanung

7.4 Kompetenzorientierung und Nachhaltigkeit

Wiederholung, Vertiefung, Vernetzung sind die Grundkonstanten des Kompetenzentwicklungsmodells, die zur lerntheoretischen Kompetenzbildung unerlässlich sind. Sie repräsentieren zugleich die Elemente, die nachhaltiges Lernen bewirken. Dass Nachhaltigkeit weder im stoff- noch im lernzielorientierten Unterricht erreicht worden ist, ist durch entsprechende Studien belegt. Möglicherweise hat die innere Logik dieser Unterrichtskonzepte unbeabsichtigt dazu beigetragen, denn Wiederholung und Vernetzung sind keine konstitutiven Elemente dieser Unterrichtsentwürfe. Beide sind am Ziel, wenn entweder der Stoff behandelt oder das Lernziel erreicht worden ist. Die Frage der Nachhaltigkeit bleibt da leicht außer Acht. Die Kompetenzorientierung dagegen enthält die Nachhaltigkeit als konstitutives Element; eine Kompetenz ist ohne Nachhaltigkeit nicht denkbar. Ihr Erwerb verlangt einen längerfristigen lernpsychologischen Aufbau und eine lerntheoretische Begründung. Die Kompetenzorientierung kann also ohne eine Berücksichtigung der Lernpsychologie und der Gehirnphysiologie nicht auskommen. Die Lernpsychologie haben wir im Zusammenhang mit den Schemata bereits hinreichend besprochen; bleibt uns noch der Blick in die Gehirnphysiologie.[96]

Kompetenzentwicklung und Nachhaltigkeit basieren auf den gleichen Elementen

Wie funktioniert das Gedächtnis? Das Gedächtnis ist – das wissen wir alle – kein verlässliches System; es gibt unsere Informationen, Erinnerungen usw. nicht so wieder, wie wir sie ursprünglich erlebt und abgespeichert haben. Selbst dann, wenn wir glauben, uns genau zu erinnern, sind wir Irrtümern ausgesetzt. Der Grund dafür liegt in der Dynamik des Hintergrundwissens, das permanent versucht, die Gedächtnisinhalte stimmig zu machen, d. h. so mit einander zu vernetzen, dass sie zu einander passen. Um nicht Opfer dieser Autodynamik zu werden, werden in unserem Kompetenzmodell die Kate-

Arbeitsweise des Gedächtnisses

gorien des Strukturgitters bewusst und zielgerichtet vernetzt. Es übernimmt also die Arbeit, die das Gehirn selbstverständlich und immer ausführt – nur eben nach seinen eigenen Gesetzen. Solche Autotransformationen sollen durch die Strukturgitter verhindert werden.

Intensität und Tiefe fördern Nachhaltigkeit

Für nachhaltiges Lernen sind die Intensität und Tiefe der Verarbeitung der aufzunehmenden Inhalte besonders wichtig. Ein Unterricht, der nicht an der Oberfläche stehen bleibt, sondern den Schülerinnen und Schülern eine gewisse Vertiefung und Anstrengung zumutet, tut hier das Richtige, um Nachhaltigkeit und Kompetenzerwerb zu fördern. Der stetige Vergleich des neu zu Verstehenden mit dem schon Bekannten und der konstruktivistische Aspekt unserer Methodenkompetenz werden dieser Anforderung besonders gerecht. Auch die Relevanz der Informationen und ihre Kohärenz mit anderen Wissens- und Gedächtnisinhalten begünstigt eine bessere Speicherung. Die Bedeutung einer Sache muss empfunden werden; Schülerinnen und Schüler müssen die Informationen in andere und größere Zusammenhänge einordnen können. Kurz:

Inhalte müssen wesentlich und vernetzt sein sowie strukturiert wiederholt werden

Die Inhalte müssen an sich wesentlich und mit anderen vernetzt sein. Und sie müssen immer wieder wiederholt werden, damit das Gehirn die entsprechenden neuronalen Verknüpfungen herstellen kann. Diese Reduktion auf zentrale Elemente und ihre durchgehende Vernetzung leisten unsere Strukturgitter, die permanent wiederholt, vertieft und weiterentwickelt werden. Sie stellen daher einen wesentlichen Baustein zur Erreichung von Nachhaltigkeit dar.

Aber auch die Schülerinnen und Schüler müssen ihren Teil zum Kompetenzerwerb beitragen. Eine aktive, sich einlassende Haltung von ihrer Seite und die Häufigkeit der Beschäftigung mit einer Sache bilden wesentliche Voraussetzungen für die Entwicklung von Kompetenzen und Nachhaltigkeit. Daher verlangt und enthält unser Kompetenzmodell die ständige Hinwendung an die Schülerinnen und Schüler; sie müssen die Inhalte nicht nur aktiv erarbeiten, sondern werden zu einer fortwährenden Überprüfung ihres Kompetenzstands angehalten. Dazu dient das Schema zur Bestimmung und Überprüfung des Kompetenzniveaus; diese Überprüfungen gehören zur regelmäßigen Hausaufgabe. Sind bestimmte Niveaus noch nicht erreicht, sollen die Schülerinnen und Schüler in eigenverantwortlicher Arbeit die Defizite aufarbeiten.

Portfolioarbeit

Diese eigenständigen Arbeiten werden in einem eigenen Portfolioteil des Schulheftes dokumentiert, das als Gesprächsgrundlage zwischen Schüler und Lehrer dienen und auch in die Notengebung miteinbezogen werden kann.

8 Das Kompetenzmodell in der Praxis

8.1 Die Kompetenzdiagnose

Unsere Notierungen der Kompetenzen in der Form der Domänen- und Niveaubeschreibungen bilden die Grundlagen zur Kompetenzdiagnose, denn sie beschreiben, was die Schülerinnen und Schüler wissen und können sollen. Zur Diagnose benötigen wir die Strukturgitter der Domänenbeschreibung und der Niveaustufen. Das Niveaustufenschema gilt für alle Kompetenzen, bei den Domänenbeschreibungen müssen wir zwischen den inhaltlichen Kompetenzen und den methodisch-handwerklichen unterscheiden; für die inhaltlichen gilt generell die Domänenbeschreibung der Sachkompetenz, die handwerklich-methodischen Kompetenzen haben ihre jeweils eigenen Domänen.

Grundlage einer Kompetenzdiagnose

Mit Hilfe des Schemas zur Bestimmung und Überprüfung der Kompetenz lassen sich zu jedem Kompetenzbereich entsprechende Aufgaben formulieren.

Schema zur Bestimmung und Überprüfung des Kompetenzniveaus			
Kann ich ...?	Niveaustufe	Beschreibung	Operator
	A	wiedergeben (Wissen, Reproduktion)	„nennen, herausarbeiten, beschreiben, charakterisieren" usw.
	B	selbstständig vertiefende Fragen stellen, Probleme erkennen, Wissen und Können auf andere Zusammenhänge übertragen (Problembewusstsein, Transfer)	„erstellen, darstellen, analysieren, einordnen, begründen, erklären, erläutern, vergleichen" usw.
	C	selbstständig Probleme lösen, das Vorgehen bedenken und begründen (Problemlösefähigkeit, Reflexion)	„überprüfen, beurteilen, bewerten, erörtern, gestalten" usw.

Diagnose mit Hilfe der Operatoren oder der allgemeinen Niveaubeschreibung

Die Aufgabenstellung sollte vom Ganzen ausgehen und zunehmend differenziert die Domänen erfassen.

Bezüglich der Sachkompetenz könnte z. B. eine erste Aufgabe lauten:

1. Diagnose zur Gesamtdomäne Geschichte
   (a) Kann ich die Domänen der Geschichte benennen? (Niveaustufe A)

Niveaustufen für die Gesamtdomäne Geschichte

(b) Kann ich Zusammenhänge zwischen den Domänen darstellen? (Niveaustufe B)

(c) Kann ich die Art der Beschreibung der Domänen erläutern? (Niveaustufe C)

Bei der Niveaustufe A wird überprüft, in welchem Umfang die Domänen wiedergegeben werden können. Die Graduierung innerhalb der Niveaustufe A liegt also zwischen „keine" und „alle" bzw. numerisch zwischen „Null" und „Neun". Bei der Stufe B sollen die Schülerinnen und Schüler die logischen Bezüge zwischen den Domänen darstellen können, wie wir dies in Kapitel 7.3 vorgeführt haben, also z. B. den Zusammenhang zwischen „Demokratie" und „Rechtsgleichheit" erläutern können. In der Niveaustufe C sollen die Schülerinnen und Schüler erkennen können, dass es sich um typologische Beschreibungen handelt, die von der Realität unterschieden, aber auf sie bezogen werden müssen.

Niveaustufen für eine einzelne Domäne

Der nächste Diagnoseschritt erfasst die Einzeldomänen; die Aufgabenstellung erfolgt analog zur Beschreibung der Gesamtdomäne.

2. Diagnose zu den Domänen der Geschichte; z. B. Herrschaft
   (a) Kann ich Herrschaftsformen benennen? (Niveaustufe A)
   (b) Kann ich die Funktionsweise der Herrschaft analysieren (Niveaustufe B)
   (c) Kann ich begründen, warum eine Herrschaftsform charakteristisch für eine bestimmte Zeit ist? (Niveaustufe C)

Bei Niveau A handelt es sich wieder um eine Aufzählung der Herrschaftsformen; in der Niveaustufe B soll analysiert werden, wer die Herrschaft ausübt und wodurch sie legitimiert wird, und das Niveau C zielt darauf ab zu erkennen, dass die Herrschaftsform ein Element einer übergeordneten Gesamtheit ist und aus diesem übergeordneten Ganzen begründet wird, d. h. z. B. dass eine Demokratie nur möglich ist, wenn Rechtsgleichheit herrscht, wenn dem Individuum einen obersten Stellenwert beigemessen wird usw.

Niveaustufen zu einem Element der Domäne

Der dritte Diagnoseschritt betrifft die Einzelelemente innerhalb einer Domäne, z. B. die Theokratie.

3. Diagnose des Herrschaftstypus „Theokratie"
   (a) Kann ich Herrschaftselemente der Theokratie benennen? (Niveaustufe A)
   (b) Kann ich die Bedeutung der Herrschaftselemente erläutern? (Niveaustufe B)
   (c) Kann ich die Legitimation der theokratischen Herrschaft beurteilen? (Niveaustufe C)

A verlangt wiederum eine Aufzählung der Merkmale einer Theokratie, z. B. die Göttlichkeit des Herrschers, die Verwendung bestimmter Herrschaftssymbole, die hierarchische Ober- und Unterordnung usw. Bei der Stufe B können die Schülerinnen und Schüler die Herkunft der Herrschaftssymbole aus der Agrargesellschaft und der religiösen Anschauung erläutern. Bei C soll der Zusammenhang zwischen Herrschaftsform und den übrigen Domänen erkannt und die Herrschaftsform aufgrund dieses Zusammenhangs beurteilt werden. Es handelt sich um die gleiche Aufgabe wie unter 2 (c), nur eingeschränkt auf die Theokratie.

Eine zweite Diagnosemöglichkeit benutzt nicht die Operatoren, sondern die allgemeinen Niveaubeschreibungen. Sie ist weiter gefasst, aber unpräziser.

Diagnose mit Hilfe der allgemeinen Niveaubeschreibungen

Kann ich …			
1.	zur Gesamtdomäne	(a)	die dazugehörigen Inhalte angeben?
2.	zu den einzelnen Domänen	(b)	Probleme erkennen, eigene Fragen stellen usw.?
3.	zu einer Unterdomäne	(c)	Probleme lösen, mein Vorgehen methodisch darlegen und begründen?

8.2 Die kompetenzorientierte Unterrichtsstunde

Selbstverständlich erwirbt man eine Kompetenz nicht in einer Einzelstunde. Gerade die Orientierungs- und die Sachkompetenz setzen einen Unterricht über mehrere Jahre voraus, um sie sich anzueignen. Prinzipiell ist der Kompetenzerwerb sogar infinit, denn ein absolutes Ende lässt sich gar nicht angeben, da Kompetenzen grundsätzlich immer weiter ausgebaut und vertieft werden können. Aber jede Einzelstunde kann ein Element zum Kompetenzerwerb beitragen, das klar benannt und der Kompetenz zugeordnet werden muss. Der Aufbau der Sachkompetenz, die sich in der Domänenbeschreibung der inhaltlichen Strukturgitter widerspiegelt, wird quantitativ im Vordergrund stehen; auf ihr bauen die weiteren Kompetenzen direkt oder indirekt auf. Jede kompetenzorientierte Stunde wird also ein Element oder einen Aspekt dieses Strukturgitters zum Inhalt haben. Zunächst muss die Kompetenz selbst formuliert werden, zu deren Aufbau die Unterrichtsstunde beitragen soll; sodann sind die Elemente der Kompetenz zu benennen, die Gegenstand der Unterrichtsstunde sind; sie werden in der Domänenbeschreibung präzisiert und stellen ein Bauelement des Strukturgitters dar. Diese Angaben zur Kompetenz spiegeln sich auf der inhaltlichen Seite in einer entsprechenden Problemstellung, Problemlösungsstrategie und Problemlösung. Diese Problemorientierung war auch dem lernzielorientierten Geschichtsunterricht eigen. Am Anfang der Unterrichtsstunde steht also auf der inhaltlichen Seite das Erkennen und die Formulierung eines Problems, das es zu lösen gilt. Die Zielsetzungen auf der Kompetenz- wie auf der Inhaltsebene müssen in der Stundenplanung klar benannt werden. Für die konkrete Durchführung der Stunde mit den Schülerin-

Klare Formulierung der Kompetenz

Aufbau der Kompetenz

Problemstellung als Stundeneinstieg

nen und Schülern genügt die Problemformulierung auf der Inhaltsebene; der dabei stattfindende Kompetenzerwerb liegt auf einer Metaebene, die im Unterrichtsablauf nicht unbedingt thematisiert werden muss, aber thematisiert werden kann. Sie kommt erst bei der rückblickenden Kompetenzüberprüfung am Ende der Stunde oder in der Hausaufgabe zum Tragen.

Arbeitsformen bereiten die Schemabildung vor

Der zweite Unterrichtsschritt stellt auf der inhaltlichen Ebene die Informationen zur Verfügung und entwickelt die Arbeitsformen, die zur Lösung des Problems nötig sind. Sie dienen dem Erwerb der Kompetenz und bereiten auf der lernpsychologischen Ebene die Schemabildung vor.

Schemaentwicklung und Überprüfung

Im dritten Schritt wird auf der Inhaltsebene die Problemlösung dargestellt und festgehalten; auf der Kompetenzebene das entsprechende Schema des Strukturgitters entwickelt und das erreichte Kompetenzniveau überprüft.

Diese Unterrichtsschritte entsprechen dem aus der Lernzielorientierung bekannten Dreischnitt von Problemformulierung, Strategien zur Problemlösung und die Lösung des Problems als Ergebnis der Stunde. Als Unterrichtsphasen sind dies der Einstieg, die Erarbeitungsphase und die Ergebnissicherung; auf der Ebene der Fragestellung handelt es sich um die Leitfrage, die Arbeitsfragen und die Beantwortung der Leitfrage; auf der Kompetenzebene bedeuten sie die Formulierung der Problemsituation, das Einüben bestimmter Arbeitsschritte zur Schemabildung, die Formulierung des Schemas oder der Schemaelemente der Kompetenz und der Überprüfung der erreichten Fähigkeiten.

Schema- und Kompetenzbildung in der Unterrichtsstunde

Der kompetenzorientierte Unterricht umfasst gegenüber dem lernzielorientierten noch zwei bis drei weitere Unterrichtsschritte, die der Ergebnissicherung dienen. Hierin zeigt sich ein charakteristischer Unterschied zum lernzielorientierten Unterricht, indem dem Ergebnis des Unterrichts sowohl auf der Inhalts- wie auf der Schülerebene deutlich mehr Gewicht und Aufmerksamkeit geschenkt wird, was in dem Unbegriff der „Output-Orientierung" zwar richtig, aber pädagogisch unbeholfen formuliert worden ist. Entscheidend und ausschlaggebend ist die tatsächliche Kompetenzbildung; sie kann zunächst nur als äußerliches Schema formuliert werden, muss aber als lernpsychologisches Schema, d. h. als Kompetenz, verinnerlicht werden. Dann wird es weiter vertieft und gefestigt, indem es in das übergeordnete Schema integriert wird. Dieses übergeordnete Schema wird auf diese Weise wiederholt und lässt die hinzugewonnene Progression erkennen. Nun folgt die Hinwendung zu den Schülerinnen und Schülern mit der Frage, ob und wieweit sie sich diesen Lernprozess angeeignet haben. Die Schülerinnen und Schüler überprüfen an Hand des Diagnoseschemas „Kann ich …?" und des Strukturgitters ihren Befähigungsstand und entwickeln ihn ggf. in der Portfolioarbeit selbstständig weiter.

Kompetenzstand-diagnose als Ausgangspunkt des Unterrichts

Eine solche Kompetenzstanddiagnose steht sinnvoller Weise auch am Ausgangspunkt des Unterrichts. Dort dient sie der Information der Lehrerinnen und Lehrer, die wissen müssen, von welchem Kompetenzstand sie ausgehen können. Sie kann und braucht selbstverständlich nicht zu Beginn jeder Stunde durchgeführt werden, sondern ist nur in größeren Zeitintervallen sinnvoll

– z. B. zu Beginn und am Ende einer Unterrichtseinheit oder eines Schulhalbjahres.

Allgemeiner Aufbau einer kompetenzorientierten Unterrichtsstunde			
Kompetenzorientierung	Problemorientierung der Inhalte		
Kompetenz	Domäne	Unterrichtsphase	Frageform
Bestimmung der Kompetenz	Erkennen des Problems	Einstieg	Leitfrage
Schritte zum Erwerb und der Festigung der Kompetenz: Einübung eines Schemas	Informationen zur Lösung des Problems	Erarbeitung Vergleich Übung Wiederholung	Arbeitsfragen
Äußere und innere Schemabildung	Lösung des Problems	Ergebnissicherung	Antwort
ggf. Einordnung des Schemas in ein übergeordnetes Schema: Wiederholung und Progression			
Überprüfung der Kompetenz (Selbstevaluation)	Prüfung oder Festigung des Ergebnisses	Hausaufgabe	Arbeitsauftrag
ggf. selbstorganisierte Weiterführung des Lernens (Portfolio)			

Aufbau einer kompetenzorientierten Unterrichtsstunde

Der Aufbau und die Gestaltung einer Unterrichtsstunde müssen in einem schriftlichen Unterrichtsentwurf dargestellt werden können, der in der Ausbildung eine zentrale Rolle spielt und Bestandteil der Prüfungslehrprobe ist, der aber auch von jeder Lehrerin und jedem Lehrer beherrscht werden muss.

Der Aufbau des Stundenentwurfs erklärt sich durch seine Logik weitgehend selbst. Lediglich die Positionierung der Kompetenzbeschreibung und der Sachanalyse bedarf einer Erläuterung. Die allgemeine Kompetenzbeschreibung geht der Sachanalyse voraus, da die Kompetenz das zentrale Ziel des kompetenzorientierten Unterrichts darstellt. Von ihr gehen alle Planungen aus – auch die Auswahl der sachlichen Inhalte. Sie sind nicht Selbstzweck, sondern dienen der Kompetenzbildung; daher erscheinen sie in der Anordnung hinter der Kompetenzbeschreibung. Der Kompetenzerwerb und seine Präzisierung in der Stunde finden aber durch den Sachgehalt statt, der deshalb vor der detaillierten Analyse der Kompetenzniveaus und den Schritten zu ihrem

Aufbau des Stundenentwurfs

Erwerb steht. Sind die Kompetenz und ihre Elemente definiert, können der Aufbau und die Methodik der Unterrichtsstunde geplant werden.

In einer schematischen Übersicht könnte ein solcher Unterrichtsentwurf so aussehen:

Schema der Unterrichtsplanung

Schema einer kompetenzorientierten Unterrichtsplanung
I. Bedingungsanalyse
(a) Klassensituation
(b) Kompetenzstand der Klasse
II. Beschreibung der Kompetenz und Verortung im Kompetenzmodell
(a) Verortung der Kompetenz im Strukturgitter
(b) Beschreibung ihrer Entwicklung
III. Sachanalyse
IV. Stundenziele
(a) Konkretisierung des Kompetenzerwerbs nach Inhalt, Niveaustufen und Operatoren
(b) Kerngehalt der Stunde (in wenigen Sätzen zusammengefasst)
V. Stundenaufbau und methodische Planung
VI. Verlaufsskizze
VII. Ergebnisse
(a) Ergebnissicherung der Stundeninhalte
(b) Ergebnissicherung im Kompetenzschema (Strukturgitter)
(c) Selbstevaluation der Schüler (Diagnoseschema)

Beispiel eines kompetenzorientierten Stundenentwurfs

Im Folgenden legen wir einen ausführlichen Stundenentwurf für eine kompetenzorientierte Unterrichtsstunde am Beispiel einer Stunde zum Thema „Der Pharao – ein Gott oder ein König?" vor.

I. Bedingungsanalyse

Klassensituation

(a) Klassensituation

Die lebhafte Klasse wird in einer Doppelstunde unterrichtet. Der Leistungsstand der Klasse gilt als durchschnittlich; in Geschichte lassen sich allerdings überdurchschnittliche Leistungen erkennen.

Zwei Schülerinnen haben sprachliche Probleme und können dem Unterricht nur schlecht folgen. Einige Schüler verhalten sich auffällig; sie können sich schwer konzentrieren, was sich einmal in einer negativen Arbeitshaltung, zum anderen in provozierendem Verhalten ausdrückt. Die Ursachen liegen einmal in einer Über-, einmal in einer Unterforderung. Viele Schülerinnen und Schüler sind sehr still und müssen aus der Reserve gelockt werden. Wenn sie aktiv ins Unterrichtsgeschehen mit einbezogen werden, können sie ihren Beitrag leisten. Es zeigt sich somit, dass sie geistig bei der Sache sind. Insgesamt fällt ein großer Bewegungsdrang bei den Schülerinnen und Schülern auf.

Kompetenzstand der Klasse

(b) Kompetenzstand der Klasse

Sachkompetenz: Die Klasse kennt bisher nur vorstaatliche Herrschafts- und Gesellschaftsformen, deren Herrschafts- und Sozialstrukturen nicht überliefert sind. Vielleicht galt das Recht des Stärkeren, vielleicht eine religiös begründete

Herrschaft. Einfache gesellschaftliche Funktionsteilungen sind aus der Jung-steinzeit bekannt. Ebenso eine erste Form religiösen Denkens, die Magie, und der Glaube an eine Vielzahl überwiegender Naturgottheiten, die im täglichen Leben eine Rolle spielen.

Orientierungskompetenz: Die Schülerinnen und Schüler wissen, dass vor-staatliche Herrschafts- und Gesellschaftsformen auch heute noch bei sog. pri-mitiven Völkern vorkommen, deren Vorstellungswelt sich von der unsrigen grundlegend unterscheidet. Sie wissen ferner, dass Geschichte den Menschen prägt.

Methodenkompetenz: Karten- und Bildarbeit auf Niveau A.

Noch keine **Handlungskompetenz.**

II. Beschreibung der Kompetenz und Verortung im Kompetenzmodell

Sachkompetenz:

(a) Die Schülerinnen und Schüler können über die Kategorien der Domäne „Herrschaft" verfügen; sie lernen mit der Theokratie eine erste Ausfor-mung dieser Domäne kennen.

(b) Die Struktur dieser Domäne wird grundgelegt und bis zur Herrschafts-form des Prinzipats entwickelt. Es ergeben sich in diesem Schuljahr Wiederholungs-, Progressions- und Vertiefungsmöglichkeiten bei der Be-handlung der griechischen und römischen Antike.

Methodenkompetenz: Bild- und Quellenarbeit.

Beschreibung und Verortung der Kompetenz

III. Sachanalyse

Der Glaube prägte die Ägypter entscheidend; sie waren Polytheisten, die viele Lokalgottheiten besaßen, aber auch überregionale Gottheiten verehrten, die nach ihrer Vorstellung ihre Geschicke lenkten. Wichtig war die Aufrechterhal-tung der von den Göttern festgelegten Weltordnung, der Maat. Dazu gehört die gerechte Landaufteilung nach der Nilschwemme. Daraus resultiert die enorme Bedeutung, welche dem Pharao zugesprochen wurde, da beides, Ver-teilung des Landes und Maatbewahrung, zu seinen Aufgaben gehörten.

Die Ägypter trennten die Welt der Götter nicht streng von der Welt der Menschen. In der Person des Pharao gingen beide Welten ineinander über; er war Teil beider Welten. Die Zugehörigkeit zur Götterwelt zeigt sich an zwei seiner verschiedenen Namen: er galt als Sohn des Sonnengottes und Gottva-ters Rê und war zudem „lebender Horus auf Erden". Nach seinem Tod ver-körpert er als Osiris, Horus ermordeter Vater, die Göttlichkeit. Die göttliche Abstammung von Rê war es, die in den Augen der Ägypter die Entscheidun-gen des Pharaos zu göttlichen und damit fehlerfreien Handlungen machte. Damit wurde seine Herrschaft legitimiert.

Die Symbole Geier und Schlange weisen auf die göttliche Natur des Pharao hin; sie stehen für ewiges Leben und göttliche Weisheit. Die Herrschaftssym-bole Wedel bzw. Geißel und Krummstab zeigen ihre Herkunft aus der Agrar-gesellschaft und symbolisieren die Verfügungsgewalt über Getreide und Nutztiere.

Sachanalyse: Fachwissenschaftliche Darstellung der Stundeninhalte

IV. Stundenziele

Konkrete Operationen

(a) Konkretisierung des Kompetenzerwerbs

Sachkompetenz

Die Schüler erkennen, dass der Herrscher als Gott angesehen wurde (Niveau-stufe A). Mit dieser Erkenntnis wird zugleich die Besonderheit der Herr-schaftsform hervorgehoben. Durch die Annahme der Göttlichkeit wurde die Herrschaft des Pharao legitimiert (Niveaustufe B). Das ist ein fundamentaler Unterschied zu heute, wo das Recht zu herrschen den Herrschenden vom Volk übertragen wird (Niveaustufe C).

Methodische Kompetenz

1. Bildarbeit

Die Schüler benennen und beschreiben, was ihnen an der Totenmaske auffällt (Niveaustufe A). Sie problematisieren die Beobachtungen und erläutern die Bedeutung der Symbole (Niveaustufe B). Diese Beobachtungen und Einsichten werden zu einem Verständnis der Funktion des Pharao zusammengeführt (Niveaustufe C).

2. Quellenarbeit

Die Schüler können den Inhalt des Textes wiedergeben (A) und ihn gemäß der Leitfrage strukturieren (B). Sie ordnen dabei die Eigenschaften des Pharaos nach den Kategorien „menschlich" – „göttlich" in ein Tafelbild ein. In einem dritten Schritt erkennen sie, dass der Text die Ergebnisse der Bildinterpretati-on bestätigt und das Verständnis der Stellung des Pharaos vertieft (C).

Kerngehalt der Stunde

(b) Kerngehalt der Stunde

Herausarbeitung der Herrschaftskategorie „Theokratie" und Einüben von Me-thodenkompetenz. Die Schülerinnen und Schüler können beschreiben und er-läutern, was eine Theokratie ist und die Merkmale dieser Herrschaft aus einer bildlichen Darstellung des Pharao sowie aus einer schriftlichen Quelle herausarbeiten.

V. Stundenaufbau – didaktische und methodische Planung

Einstieg

1. Als Einstieg dient das Bild der Totenmaske Tutenchamuns. Die Schülerin-nen und Schüler benennen ihre Beobachtungen zum Pharao und seinen Attri-buten. Diese Beobachtungen werden an der Tafel notiert und zugleich vom

Arbeitsphase „Bildarbeit"

Lehrer sortiert. Die Schüler sollen das Prinzip der Anordnung erkennen und erläutern. In der linken Spalte stehen übermenschliche bzw. göttliche Fähig-keiten, in der rechten menschliche bzw. königliche Eigenschaften. Damit wird der Begriff „Gottkönig" bzw. „Gottkönigtum" vorbereitet.

Arbeitsphase „Textarbeit"

2. In einer zweiten Arbeitsphase, die nun schülerzentriert erfolgt, da der Wis-sensrahmen geschaffen und der Problemhorizont abgesteckt ist, überprüfen die Schülerinnen und Schüler die in der Bildarbeit gewonnenen Erkenntnisse. Sie bearbeiten in Gruppenarbeit eine Textquelle, die nochmals beide Seiten des Pharaos beleuchtet. Damit wird die Erkenntnis wiederholt und gefestigt. Sie übernehmen die Struktur der Bildarbeit und des Tafelbildes, indem sie zu-nächst die betreffenden Inhalte herausschreiben, ordnen und beurteilen. So bestätigen sie das Ergebnis der Bildarbeit.

3. Die Schülerinnen und Schüler tragen ihre Ergebnisse vor und fügen sie in das Tafelbild ein. Damit steht die Besonderheit der ägyptischen Herrschaftsform als Ergebnis an der Tafel. Sie wird im Plenum in ihrer Bedeutung als altorientalische Herrschaftsform gewürdigt, im kurzen Vergleich mit heute reflektiert und in das Herrschaftsschema eingeordnet. Dieser Vergleich wird nur mündlich angesprochen, nicht eingehend erarbeitet, da er nur die Besonderheit der Theokratie veranschaulichen und hervorheben soll.

Einordnung und Ergebnissicherung

4. Es folgen die Stundenelemente, die sich speziell aus der Kompetenzorientierung ergeben und unter VII. (b) und (c) dargestellt sind.

VI. Verlaufsskizze

Kompetenz	Inhalte	Unterrichtsphase	Didaktik-Methodik
Methodenkompetenz Bildarbeit Sachkompetenz Domäne Herrschaft - Theokratie	Bildbetrachtung der Totenmaske Tutenchamuns	Einstieg Erarbeitung	Bildbetrachtung im Plenum
		Ergebnissicherung I	
Methodenkompetenz Textarbeit	Textquelle zur Natur und den Aufgaben des Pharaos	Erarbeitung	arbeitsgleiche Gruppenarbeit
Schemabildung	Ergebnisse der Gruppenarbeit Vertiefendes Unterrichtsgespräch	Problemlösung Ergebnissicherung II	Vortrag der Ergebnisse
Überprüfung der Kompetenz	Selbstevaluation mit Kompetenzschema	Hausaufgabe	Überprüfung
ggf. selbstorganisierte Weiterführung des Lernens			Portfolio

VII. Ergebnisse
(a) Ergebnissicherung der Stundeninhalte auf der Sachebene

Symbole der Totenmaske	
Uräusschlange = göttliche Weisheit Geier = ewiges Leben Bart = gilt als eigene Gottheit	Kopftuch = Herrschaftssymbol Krummstab = Herrschaft über das Volk (ursprünglich: über das Vieh) Wedel/Geißel = Richter über das Volk (ursprünglich: Verfügung über Getreide)
göttliche Attribute	**königliche Attribute**

Ergebnisse der Bildarbeit

Ergebnisse
der Textarbeit

| Leitfrage: Der Pharao - ein Gott oder ein König? ||
seine Macht erstreckt sich über	er muss sorgen für
Himmel	Schutz
Leben	Gesetze
Schicksal	Ordnung
Erde	Ernährung
Menschen	Recht
Ernte	
= göttliche Macht	= weltliche Macht (oberster Herrscher und Gesetzgeber, Richter und Heerführer)
= GOTTKÖNIG	

Ergebnisse der
Kompetenzbildung

(b) Ergebnissicherung als Strukturgitter zur Domäne „Herrschaft"

Theokratie	Demokratie
Der Herrscher ist ein Gott. Deshalb gebührt ihm die Herrschaft. Das Volk spielt keine Rolle.	Die Regierenden sind normale Menschen. Die Regierung wird vom Volk gewählt.

Selbstevaluation

(c) Selbstevaluation der Schülerinnen und Schüler

Kann ich …
(a) Herrschaftselemente der Theokratie benennen? (Niveaustufe A)
(b) die Bedeutung der Herrschaftselemente erläutern? (Niveaustufe B)
(c) die Legitimation der theokratischen Herrschaft beurteilen?
(Niveaustufe C)

8.3 Eine kompetenzorientierte Unterrichtseinheit: Griechenland

Die Kompetenzorientierung zeigt sich vor allem im langfristigen Aufbau der Kompetenz, die sich im sukzessiven Aufbau der Kompetenzstrukturgitter widerspiegelt. Ihr Aufbau wird am Beispiel der Unterrichtseinheit zu Griechenland gezeigt. Zugleich soll deutlich werden, dass auch der kompetenzorientierte Unterricht noch Zeit und Raum für Inhalte lässt, die sich nicht unmittelbar im Kompetenzstrukturgitter niederschlagen.

Gliederung der
Unterrichtseinheit

Die Unterrichtseinheit wird vor allem durch die Domänenvorgaben des Strukturgitters gegliedert, behält aber die chronologische Orientierung bei. Die Unterrichtseinheit trägt zur Bildung der Orientierungs-, der einfachen Methoden- und der Sachkompetenz bei. Die konstruktivistische Methodenkompetenz bleibt angesichts des Alters der Schülerinnen und Schüler unberücksichtigt; sie kann nur einer späteren, erneuten Behandlung vorbehalten bleiben. Die Leitfrage der gesamten Unterrichtseinheit thematisiert die Bedeutung Griechenlands für die weitere europäische Geschichtsentwicklung bis in die Gegenwart.

Die Bedeutung Griechenlands für die europäische Geschichtsentwicklung				
Nachwirkung	griechische Kultur			Ausbreitung
	Wissenschaft	Religion	Herrschaft, Gesellschaft, Recht	
Auswirkungen griechischer Kultur heute	Anfänge der Naturwissenschaft	olympische Götter	Polis Athen	griechische Kolonisation
	Entstehung des Gewissens	Orakel von Delphi	griechische Kunst	Alexanderzug
		olympische Spiele	Polis Sparta	

Strukturskizze der Unterrichtseinheit

Auswirkungen der griechischen Kultur bis heute

Diese Stunde zeigt anhand von griechischen Baustilelementen von Washington über London, München und Petersburg die Bedeutung der griechischen Baukunst. Eine Sammlung von Wörtern griechischer Abstammung wie Theologie, Demokratie, Politik, Gymnasium, Theater, Philosophie, Mathematik, Geographie usw. führt zur Frage nach der Herkunft dieser Begriffe. Sie werden nach Lebensbereichen geordnet an der Tafel festgehalten. Dies fördert die Orientierungskompetenz; es wird deutlich, dass das Leben unserer Gegenwart in vielen Bereichen durch die griechische Kultur geprägt wurde.

Prägung vieler Lebensbereiche durch die griechische Kultur

Die Entstehung unserer Wissenschaft im alten Griechenland

Mit dem Thema dieser Stunde wird eine Domäne der Geschichte und eine Spalte des Strukturgitters unmittelbar thematisiert: die Wissenschaft.

Domäne Wissenschaft

(a) Erste Anfänge der Naturwissenschaft

Um eine Wiederholung und einen Vergleich zu ermöglichen, wird zunächst nochmals die mythische Denkweise der frühen Hochkulturen am Beispiel des Sonnengebets Echnatons wiederholt. Es wird erinnert, dass die Sonne als Gottheit betrachtet wurde und dieses Durchdrungensein von Götterwirken für die gesamte Natur und Geschichte galt. Die Domäne „Wissenschaft" wird in ihrer ersten Form, dem mythischen Denken, wiederholt und durch die neue Denkweise, die in Griechenland entsteht, erweitert und vertieft.

Wiederholung des mythischen Denkens

Diese neue Denkweise wird an vier charakteristischen Aussagen griechischer Philosophen erörtert:

**Erarbeitung der
neuen Denkweise**

„Alles ist aus dem Feuer entstanden" (Heraklit)
„Alles ist aus der Luft entstanden" (Anaximander)
„Alles ist aus dem Wasser entstanden" (Thales)
„Die Welten entstehen, indem Körper (Atome) in den leeren Raum stürzen und
sich miteinander verflechten" (Leukippos)

Im Unterschied zum mythischen Denken verschwinden die Götter der mythischen Weltsicht und werden durch Elemente, Körper, Raum und Bewegungen ersetzt. Damit ist eine neue Form der Erklärung gefunden, die mit unserer heutigen Form des Denkens eine weit größere Ähnlichkeit hat als die der frühen Hochkulturen. Sie benennt Dinge und Kräfte, kennt abstrakte Begriffe wie Raum und Atom und erklärt die Geschehnisse durch Theorien, die aber noch nicht empirisch gewonnen, sondern Ausdruck eines philosophischen Denkens und Weltbildes sind. Damit wird der Begriff des „philosophischen Denkens" eingeführt, der zwischen dem „mythischen Denken" der Hochkulturen und dem „wissenschaftlichen" unserer Gegenwart angesiedelt ist. Damit wird die Domäne durch zwei wesentliche Unterdomänen präzisiert, die zusammen erfasst und verinnerlicht werden. So wird das Kompetenzschema „Wissenschaft" aufgebaut und schematisch festgehalten.

**Anlegen des
Kompetenzschemas
„Wissenschaft"**

Griechenland	philosophisches Denken	Elemente, Atome, Begriffe, philosophische Theorien
frühe Hochkulturen, Steinzeit	mythisches Denken	Göttertaten zur Erklärung der Natur

(b) Die Entstehung des Gewissens

**Vermenschlichung
der Götter bei
gleichzeitiger Entstehung einer göttlichen
Stimme im Menschen**

Mit der Thematik des Gewissens folgt eine Stunde, die normalerweise im Religions- oder Ethikunterricht ihren Platz hat. Dass sie dennoch auch dem Geschichtsunterricht zugerechnet werden kann, wird durch zweierlei begründet: einmal durch die Entstehung der ersten wissenschaftlichen Denkformen und zum anderen durch einen Wandel im Verständnis der Götter; beide hängen zusammen. Das aufkommende philosophische Denken schwächt die Bedeutung der Götter für das Verstehen der Welt; sie nehmen im Unterschied zu Ägypten menschlich-allzumenschliche Formen an, von denen auch die Griechen wussten, dass sie nicht die wahre Gestalt der Gottheiten repräsentieren; diese wurde in den Mysterien gesucht. Auf der anderen Seite entsteht das sokratische Daimonion, das als eine echte göttliche Stimme im Menschen angesehen wird. Hier wird ein Wandlungsprozess sichtbar, der eine Verinnerlichung der religiösen Welterfahrung beschreibt. Er sollte den Lehrerinnen und Lehrern bekannt sein und kann bei einer erneuten Behandlung Griechenland in höheren Klassen explizit thematisiert werden; in einer sechsten Klasse genügt es, ihn am Beispiel der Entstehung des Gewissens altersgemäß zu veranschaulichen. Das kann am Beispiel eines sokratischen Dialoges geschehen und gelingt dann besonders gut, wenn man die Entwicklung von Religion und Wissenschaft gegenüberstellt, was am Ende der Behandlung der Domäne „Religion" getan werden soll.

Die nachfolgende Aufgabenstellung dient wieder der Selbstevaluation.

Schema zur Bestimmung und Überprüfung der Kompetenz		
Kann ich	A	beschreiben, wie die Griechen sich – im Unterschied zu den Ägypten – die Entstehung der Welt dachten?
	B	den Unterschied der mythischen und der philosophischen Denkweise erläutern?
	C	beurteilen, was der Übergang von der einen zu der anderen Denkweise bedeutet?

Die Religion der Griechen
(a) Die olympischen Götter

Bei der Behandlung der olympischen Götter kann die Vermenschlichung der Götter, die parallel zur Entstehung des philosophischen Denkens stattfindet, anschaulich gezeigt werden. Trotz der menschlich-allzumenschlichen Darstellung der olympischen Götter bleiben der generelle Respekt und die generelle Achtung der Götter erhalten. Sie spielen im Alltag und im Staatsleben eine wichtige Rolle.

(b) Orakel von Delphi

Die hohe politische Bedeutung der Religion wird am Orakel von Delphi deutlich, das bei wichtigen politischen Entscheidungen um Rat gefragt wurde. Anhand eines solchen Rates kann die Entwicklung des Denkens und der Religion gezeigt werden. In religiöser Hinsicht fällt auf, dass der Einzelne keinen unmittelbaren Zugang zu den Göttern mehr hatte, wie das noch zu den Zeiten der frühen Hochkulturen selbstverständlich war. Es braucht nun die Vermittlung der in Trance versetzten Priesterin und der Übersetzung der Botschaft durch Priester. Auf der anderen Seite steht die merkwürdig verrätselte Art der Mitteilung, die der Interpretation durch den Empfänger bedarf. In diesem Zweifelhaftwerden der Götteraussagen und der damit verbundenen Herausforderung an den menschlichen Verstand zeigt sich der weltgeschichtliche Gang der europäischen Entwicklung, der die Götterwelt in den Hintergrund, das menschliche Denken aber immer mehr in den Vordergrund treten lässt.

Aussagen der Götter müssen interpretiert werden

Die Entwicklung der Religion wird wieder schematisch festgehalten und zugleich die schon früher gewonnenen Erkenntnisse zu den Hochkulturen und der Steinzeit wiederholt. Für die Kompetenzentwicklung ist es wichtig, dass die Inhalte immer wieder im Zusammenhang und in der Progression, also im kumulativen Aufbau der Kompetenz, vor Augen geführt werden.

Religion		
Griechenland	viele Götter (Polytheismus)	menschlich-allzumenschliche Götter
Ägypten, Babylon, Altsteinzeit	viele Götter (Polytheismus)	ernste und strenge Götter

Zusammenhang von Religion und Entwicklung des Denkens

Nachdem die vertikale Entwicklung und Verknüpfung besprochen wurde, können die vorhandenen Schemata nun auch horizontal vernetzt werden. Der Zusammenhang des Rückgangs der Götterwelt mit der Entwicklung des menschlichen Denkens wird durch das nebeneinander der Schemata deutlich. Das Wissen wird durch die Vernetzung „intelligent"; es erschließt neue Zusammenhänge und Fragen.

	Naturbetrachtung		Religion	
Griechenland	philosophisches Denken	Elemente Atome	Polytheismus	menschlich-allzumenschliche Götter
Ägypten, Babylon, Altsteinzeit	mythisches Denken	Götter zur Erklärung der Natur	Polytheismus	ernste und strenge Götter

Die Behandlung einer grundlegenden Domäne der Sachkompetenz rechtfertigt wieder eine Überprüfung der Kompetenz in der Selbstevaluation der Schülerinnen und Schüler in der Hausaufgabe.

Schema zur Bestimmung und Überprüfung der Kompetenz		
Kann ich	A	beschreiben, wie die Griechen ihre Götter sahen?
	B	den Wandel der griechischen Götterwelt gegenüber der ägyptischen erläutern?
	C	die Bedeutung dieses Wandels beurteilen?

Olympische Spiele

Thema nicht im Strukturgitter verankert, aber sinnvoll zur Orientierung

Die Behandlung der olympischen Spiele muss nicht notwendig im Strukturgitter der Sachkompetenz verankert werden; sie dient der Orientierung, indem ein in der Gegenwart vorhandenes Phänomen zu seinen Wurzeln zurückverfolgt und mit seiner ursprünglichen Form verglichen wird. Die Schülerinnen und Schüler arbeiten heraus, wie die antiken Spiele abgelaufen sind, wer daran teilnehmen durfte und welche Auswirkungen sie auf das politische und gesellschaftliche Leben hatten. Anhand dieser Kriterien werden sie mit den heutigen Spielen verglichen

Die religiöse Bindung der antiken Spiele und ihre völlige Profanisierung in der Gegenwart machen den grundlegenden Unterschied deutlich und tragen zur Entwicklung der Orientierungskompetenz bei, indem an diesem Beispiel ein grundlegender Zug der europäischen Entwicklung sichtbar wird – die zunehmende Profanisierung aller Lebensbereiche.

Polis Athen

Grundlegendes kategoriales Wissen zur Domäne „Herrschaft"

Mit den Themen Athen und Sparta bewegen wir uns im zentralen Kompetenzbereich der Domäne „Herrschaft". Hier wird grundlegendes kategoriales Wissen vermittelt, das für den Aufbau der Sachkompetenz notwendig ist. Auch hier wird ein Vergleich mit der vorherigen Herrschaftsform der Theokratie durchgeführt, um einmal das Wissen durch Wiederholung zu festigen und zum anderen durch den Vergleich zu vertiefen. Auch hier kommt es wieder darauf an, die Begriffe nicht isoliert, sondern in ihrer kategorialen Vernetzung zu vermitteln und aufzunehmen.

Den Vergleich beginnen wir mit einem Spaziergang durch Athen, der die Schülerinnen und Schüler mit den topographischen Besonderheiten von Athen vertraut macht. Es fallen zwei Schwerpunkte ins Auge: das politische Athen mit der Agora (Marktplatz), der Pnyx (Ort der Volksversammlung) sowie dem Areopag (Ort der Blutgerichtsbarkeit) und das religiöse Athen mit der Akropolis und dem Theseus-Tempel. Durch die öffentlichen politischen Zentren unterscheidet sich Griechenland von den frühen Hochkulturen, in denen die politische und die religiöse Macht noch in einer Person bzw. Institution vereinigt waren. Die Öffentlichkeit war von der Teilhabe an der Macht ausgeschlossen, die noch eine „res non publica" war.

Erkundung der Topographie Athens

Das politische Leben wird in Gruppen erarbeitet und vorgestellt.

Politik			
Pnyx	**Areopag**	**Rat der 500**	**Volksgericht**
Ort der Volksversammlung; Männer dürfen über Gesetze abstimmen	ursprünglich das wichtigste Gericht, das auch die Beamten kontrollierte; adlige Richter;	man wird in den Rat gelost	man wird in das Volksgericht gelost
die attische Demokratie war eine unmittelbare Demokratie, unsere heutige ist eine repräsentative Demokratie	adlige Richter haben seit der Einführung der Demokratie in Athen keine politische Bedeutung mehr, sie sind nur noch für Mordfälle zuständig	Vorbereitung der Volksversammlung; Überwachung der Ausführung der Gesetze	urteilt über alle Vergehen und Verbrechen unterhalb von Mord: Betrug, Diebstahl u. ä.

In einer gemeinsamen Betrachtung dieser Ergebnisse wird der Unterschied zur heutigen Demokratie erörtert. Damit wird die zeitliche Dimension der Domäne „Herrschaft" aufgespannt und die Begriffsvernetzung weiter geführt; der Vergleich trägt wieder zur Präzisierung und Vertiefung sowie zur Verankerung der Begriffe in einem einheitlichen Begriffsschema bei, das nun die Begriffe „Stammesherrschaft", „Theokratie", „attische Demokratie" und „heutige Demokratie" umfasst. Diese Begriffe bilden in der vertikalen Vernetzung die Grundlage für die Entwicklung der Orientierungskompetenz; in der doppelten Vernetzung in horizontaler und vertikaler Richtung schaffen sie die Voraussetzung zur Entwicklung der Sachkompetenz; in ihrer unterschiedlichen Wirklichkeitskonstruktion fördern sie die Entwicklung der konstruktivisti-

Entfaltung der Domäne „Herrschaft"

schen Methodenkompetenz, die aber erst in einer höheren Klassenstufe thematisiert werden kann.

**Domänen „Recht"
und „Gesellschaft"**

In der Behandlung der Rechtsungleichheit zwischen Männer und Frauen auf der einen, sowie Vollbürgern, Halbbürgern und Sklaven auf der anderen Seite werden die Domänen „Recht" und „Gesellschaft" thematisiert. Dadurch wird verständlich, dass die attische Demokratie in Wirklichkeit eine Aristokratie darstellt, da die Rechtsgleichheit nur innerhalb einer bestimmten Personengruppe gilt und andere Personengruppen geringere Rechte haben, die bis zur Rechtlosigkeit der Sklaven heruntergehen. Diese kategorialen Widersprüche von „Demokratie" und „Rechtsungleichheit" regen das Nachdenken und Nachfragen an; das Wissen wird wieder „intelligent" und „kompetent".

Durch die Institution des Scherbengerichts fällt auch Licht auf die Grundkategorie des „Selbstverständnisses". Bürger, die der Demokratie gefährlich wurden, konnten verbannt werden; diese Einrichtung deutet darauf hin, dass eine Opposition, wie sie für unsere heutige Demokratie selbstverständlich ist, in der attischen Demokratie undenkbar war, weil sich das Verständnis der Demokratie nicht aus einer Volkssouveränität, sondern aus einem religiös begründeten Verständnis der Polis herleitet. Sie bildet den obersten Wert der damaligen Wertehierarchie, noch nicht der einzelne Mensch. Daraus resultiert die Haltung, dass es rechtens und ruhmvoll ist, sein Leben für das Vaterland zu opfern. Im Nationalismus des 19. Jahrhunderts wurde diese Parole erneut propagiert, ohne zu bedenken, dass sie inzwischen durch die geschichtliche Entwicklung zur Phrase geworden war. Denn in den einzelnen Domänen der Geschichte sind mittlerweile ganz andere Formen und Wertsetzungen realisiert worden. Dies zeigt unser Strukturgitter in den entsprechenden Spalten an; damit wird es zur Grundlage einer Bewertung historischer Vorgänge. Es zeigt, dass der Tod für das Vaterland in der Antike etwas ganz anderes darstellt und anders zu bewerten ist als in der Neuzeit. Unser Strukturgitter legt eine solche Aussage nahe und realisiert damit die Inferenzfunktion der Kompetenz – in diesem Falle der Sachkompetenz. Sie wird durch die typologische Beschreibung der Kompetenzen ermöglicht, die in der horizontalen Vernetzung eine Einheit bilden und damit erlauben, die einzelnen Elemente als typisch oder untypisch, zeitgemäß oder unzeitgemäß zu erkennen.

**Sachlich begründete
Bewertungen durch die
Inferenzfunktion der
Kompetenz**

	Herrschaft		Gesellschaft	
Griechenland	Demokratie (Aristokratie)	Herrschaft einer Personengruppe	Gleichheit innerhalb einer Gruppe	Vollbürger Halbbürger Rechtlose
Ägypten, Babylon	Theokratie	Gottkönig	hierarchische Gesellschaft	Recht durch den Gottkönig
Steinzeit	kein Staat	Herrschaft des Stärkeren	Familien- oder Sippenordnung	Rechtlosigkeit des Einzelnen

Schema zur Bestimmung und Überprüfung der Kompetenz		
Kann ich	A	die Polis Athen beschreiben?
	B	darstellen, wie sich das politische Leben in Athen von dem in Ägypten unterscheidet?
	C	beurteilen, warum die Polis Athen für uns bedeutsam ist?

Die griechische Kunst in Plastik, Architektur und Theater

In dieser Stunde werden Plastik und Architektur und das griechische Theater behandelt. Diese Inhalte müssen nicht notwendig im Strukturgitter verankert werden; sie dienen wieder der Orientierungskompetenz. Die Nachhaltigkeit dieses Wissens muss über die Eindrücklichkeit, über die Emotionalität vermittelt werden. Ein systematischer Kompetenzaufbau wird aber eher im Kunstunterricht und im Deutschunterricht stattfinden. Im Rahmen der historischen Kompetenzen kann die griechische Plastik in der Domäne „Selbstverständnis" ihren Platz finden. Hier würde man das Augenmerk im Unterschied zur festgefügten ägyptischen Plastik auf das Freiwerden der menschlichen Gestalt legen. Eine Parallele zur politischen Entwicklung ist hier offenkundig. Beim Theater wäre auf seinen Zusammenhang mit der Religion zu verweisen, der auch auf diesem Gebiet den religiösen Unterbau der älteren Zeiten deutlich macht. Solche Überlegungen dürften aber erst in einem späteren Durchgang bei älteren Schülerinnen und Schülern sinnvoll sein.

Nachhaltigkeit durch Eindrücklichkeit

Polis Sparta

Mit Sparta kehren wir wieder in die klassische Domäne der Herrschaft zurück, deren Grundstrukturen bereits bei der Behandlung Athens herausgearbeitet worden sind. Hier kann ganz besonders deutlich gezeigt werden, wie der Staat im Selbstverständnis der damaligen Zeit den obersten Wert darstellt und den Einzelnen völlig absorbiert. Bereits an der Kindererziehung kann gezeigt werden, wie sie im Hinblick auf eine militärische oder staatliche Funktion erfolgt, nicht im Hinblick auf den einzelnen Menschen, der erst sehr viel später zum Wertezentrum der Geschichtsentwicklung wird.

Selbstverständnis Polis als oberster Wert

In Bezug auf die Domäne „Herrschaft" kann unser Strukturgitter hier über die Fundamentalbegriffe hinaus erweitert werden, indem Begriffe wie „Kulturstaat" und „Militärstaat" eingeführt werden. Praktisch bieten sich hier differenziertere Untergitter an, die deutlich machen, dass die grundlegenden Begriffe des Strukturgitters nur die Spitze des Eisbergs sind. Sie sind allerdings für den Kompetenzaufbau in dieser didaktischen Reduktion notwendig, da erst Grundstrukturen gelegt werden müssen, damit feinere Verästelungen verankert werden können. Ohne diese Grundstrukturen würden sie im Orkus des baldigen Vergessens versinken.

Erweiterung der Grundbegriffe des Schemas „Herrschaft"

Herrschaft	
Theokratie	Militärstaat (Sparta)
Aristokratie	Kulturstaat (Athen)
Demokratie	

Schema zur Bestimmung und Überprüfung der Kompetenz		
Kann ich	A	die Polis Sparta beschreiben?
	B	darstellen, wie sich das politische Leben in Sparta von dem in Athen unterscheidet?
	C	beurteilen, welche Rolle der Staat im Selbstverständnis des Spartaners einnimmt?

Ausbreitung der Errungenschaften Griechenlands

Methodenkompetenz Kartenarbeit

Am Ende der Unterrichtseinheit kehren wir zur Fragestellung der ersten Stunde zurück, in der wir die Bedeutung der griechischen Kultur anhand ihrer Verbreitung behandelt haben. Nun stellen wir die Frage, wie sich die griechische Kultur über Europa und das vordere Asien verbreiten konnte. Dazu behandeln wir die griechische Kolonisation und die Alexanderzüge. Wir verlassen die Chronologie der Ereignisse und fassen zwei Entwicklungen unter einer thematischen Fragestellung zusammen. Methodisch beschäftigen wir uns mit der Kartenarbeit und üben diese Kompetenz, die immer dann wiederholt und trainiert wird, wenn der sachliche Anlass dazu gegeben ist. Zu diesem Zeitpunkt ist das Schema der Kartenarbeit bereits bekannt.

Politische Bedeutung der Geographie

Eine Voraussetzung der Kolonisation ist die Kleinräumigkeit Griechenlands, die zunächst erkannt und dann in ihrer Bedeutung reflektiert werden soll. Die Schülerinnen und Schüler lernen so die politische Bedeutung der Geographie eines Landes kennen. Sie bewegen sich damit auf den Niveaustufen A und B der Kartenarbeit. Die Stufe C kommt hinzu, wenn die Schülerinnen und Schüler in der Lage sind, die Geographie als Größe im politischen Kalkül zu verorten oder die Metaebene der Kartenarbeit, d. h. die methodische Reflexion des Mediums selbst, zu bewältigen.

In den Eroberungszügen lernen die Schülerinnen und Schüler ein weiteres Mittel zur Verbreitung der griechischen Kultur kennen. Auch hier sollen die Schülerinnen und Schüler die Karte beschreiben und aus ihr die Leistung Alexanders erkennen. Damit bewegen wir uns wieder auf den ersten beiden Niveaustufen; die dritte wird auch hier durch eine Thematisierung der Metaebene erreicht – z. B. mit der Frage, wie die Karte gestaltet sein muss, damit die Leistungen Alexanders sichtbar werden.

Am Ende steht wieder die Überprüfung der Kompetenz, die hier allgemein formuliert ist, da es sich um zwei unterschiedliche Thematiken gehandelt hat.

Schema zur Bestimmung und Überprüfung der Kompetenz		
Kann ich	A	eine historische Karte lesen?
	B	Informationen aus einer Karte herausarbeiten und darstellen?
	C	die Qualität einer Karte beurteilen?

8.4 Eine kompetenzorientierte Klassenarbeit

Auch die schriftliche Leistungsüberprüfung muss der Kompetenzorientierung entsprechen. Nicht dieses oder jenes Wissen und Können, sondern Kompetenzen sollen überprüft werden. Dazu müssen entsprechende Aufgaben entwickelt werden, die sich von den bisherigen lernzielorientierten Fragestellungen unterscheiden. Die lernzielorientierte Aufgabenstellung war darauf ausgerichtet, die Schülerinnen und Schüler ganz bestimmte Fragen beantworten und ganz bestimmte Aufgaben lösen zu lassen; kompetenzorientierte Aufgaben müssen diese singuläre Bestimmtheit überwinden und der Allgemeinheit der Kompetenz sowie der Vielfältigkeit ihrer Anwendung Rechnung tragen. Die Schülerinnen und Schüler sollen zeigen können, was sie vermögen, nicht ausschließlich ganz bestimmte Fragen beantworten und ganz bestimmte Probleme lösen. Die Kompetenz muss umfassend demonstriert werden können.

Offenheit der Aufgabenstellung

Die Aufgabenstellung muss die Domänen der Kompetenz und deren Niveaustufen berücksichtigen. Die Operatoren dürfen nur beispielhaft verwendet werden, um die Gefahr zu vermeiden, dass die Kompetenz nur auf der Ebene der Performanz erfasst wird, wie wir dies am Modell des Verbands der Geschichtslehrer Deutschlands gesehen haben. Sie können bei Bedarf von den Schülerinnen und Schülern gegen andere ausgetauscht werden, sofern sie auf der gleichen Niveaustufe liegen. Die kompetenzorientierte Leistungsüberprüfung muss Raum für eigene Fragestellungen der Schüler lassen.

Hierin liegt der besondere Reiz der kompetenzorientierten Leistungsüberprüfung – und eine besondere Herausforderung. Denn es ist weit schwieriger und bezeugt eine höhere Kompetenz, sinnvolle Fragen und Aufgabenstellungen zu einer Thematik selbst zu entwickeln als vorgegebene Fragen und Aufgaben zu beantworten und zu lösen. Auch die kreative Gestaltung von Problemlösungen darf Teil einer kompetenzorientierten Leistungsmessung sein.

Schülerinnen und Schüler sollen Raum für eigene Fragen haben

Eine kompetenzorientierte Klassenarbeit ist einfacher und klarer zu erstellen als eine lernzielorientierte, da die Eigenart der Kompetenz bereits viele Vorgaben enthält, die in der Klassenarbeit berücksichtigt werden müssen. Durch diese Vorgaben erhalten wir in der Tat eine standardisierte Leistungsmessung. So geben die Strukturgitter Domänen vor, die eine Orientierungshilfe zur Erstellung einer Klassenarbeit bieten. Ebenso ist von vornherein selbstverständlich, dass jede Aufgabenstellung die drei Niveaustufen A bis C umfassen muss. Die kompetenzorientierte Aufgabenstellung ist daher dreigeteilt; dies gilt sowohl für vorgegebene Aufgaben als auch für die, die die Schülerinnen und Schüler selbst erstellen.

Offene und dennoch standardisierte Leistungsmessung

Bei der nachfolgenden Klassenarbeit in einer 6. Klasse wurden die Schülerinnen und Schüler zunächst an das Kompetenzschema erinnert und ihnen die nachfolgenden Erläuterungen gegeben, die beide dem Aufgabenblatt vorangestellt wurden.

Schema zur Bestimmung und Überprüfung der Kompetenz			
Kann ich	A	„nennen, herausarbeiten, beschreiben, charakterisieren", zuordnen	was ....?
	B	„erstellen, darstellen, untersuchen (analysieren), einordnen, begründen, erklären, erläutern, vergleichen"	warum ...? dass ...? usw.
	C	„überprüfen, beurteilen, bewerten, erörtern, gestalten"	

Erläuterungen zur kompetenzorientierten Klassenarbeit

„I. Bei den folgenden Aufgaben kommen diese „Handlungswörter" („Operatoren") vor. Ihr dürft sie innerhalb der Niveaustufe austauschen, wenn ihr lieber ein anderes Handlungswort nehmen wollt. Also z. B. innerhalb der Niveaustufe A „beschreiben" statt „herausarbeiten", innerhalb der Stufe B z. B. „einordnen" statt „begründen" usw. Ihr sollt mir nämlich zeigen dürfen, was ihr könnt; und das kann natürlich auch etwas anderes sein, als das, was ich gerade in der Aufgabe formuliert habe. Aber nochmals: Der Austausch darf nur innerhalb derselben Niveaustufe stattfinden!

II. Zu jedem Aufgabenbereich sollt ihr euch selbst eine eigene Aufgabe stellen, die ihr dann beantwortet. Die Aufgabe kann einfach, mittel oder schwierig sein, also den Niveaustufen A, B oder C angehören, je nach dem, was ihr euch zutraut. Wie gesagt: Ihr sollt mir zeigen dürfen, was ihr könnt!"

Soweit die Vorgaben für die Schülerinnen und Schüler.
Die Aufgabenstellung kombiniert vorgegebene Aufgaben, die nur einen kleinen Handlungsspielraum innerhalb der Niveaustufen zulassen, mit einer ganz freien Aufgabenstellung; beide wurden durch eine kreative Gestaltungsaufgabe ergänzt.
Die Aufgaben wurden den drei großen Domänen „Herrschaft", „Religion" und „Wissenschaft" zugeordnet. Die Nummerierung der Aufgabe mit (a), (b) oder (c) kennzeichnet zugleich deren Niveaustufe.

Aufgabenbereich: Herrschaft

Aufgabenbereich Herrschaft

(a) Ordne folgende Begriffe richtig zu und bringe sie in eine richtige zeitliche Reihenfolge: 3 VP
Steinzeit, Demokratie, Theokratie, Ägypten, Familien- oder Stammesherrschaft, Griechenland

(b) Du bist politisch interessiert und möchtest in deiner Stadt etwas verändern. An wen müsstest du dich wenden, wenn du ein alter Ägypter wärst? An wen, wenn du ein Grieche der Polis Athen wärst?   3 VP

(c) Überlege, warum die Polis Athen für uns so bedeutsam ist.   3 VP

(d) Hier darfst du deine eigene Aufgabe zum Aufgabenbereich „Herrschaft" formulieren.   3-5 VP

Aufgabenbereich: Religion

(a) Beschreibe anhand des Bildes im Schulbuch das Orakel von Delphi   3 VP

(b) Erläutere anhand des Textes die Bedeutung des Orakels   3 VP

Der griechische Geschichtsschreiber Herodot schreibt zum Orakel von Delphi:
„Die Athener hatten nämlich nach Delphi geschickt und wollten das Orakel befragen, und als eben ihre Boten beim Tempel den Brauch erfüllt hatten und ins Innere eintraten und sich niedersetzten, da ließ sich die Pythia folgendermaßen vernehmen: … ‚Athene müht sich umsonst, den Olympier Zeus zu erbitten, … [doch] eines vergönnt der Göttin der waltende Zeus, dass die hölzerne Mauer werde nimmer bezwungen, zu rettendem Schutze dir und dem Volk. So warte nicht still, bis der Feind von dem Festland dringt herzu mit gewaltigem Heer und den mächtigen Scharen.‘"

(c) Beurteile, ob das Orakel eine sinnvolle oder eine befremdliche (unsinnige) Einrichtung war.   3 VP

(d) Hier darfst du wieder deine eigene Aufgabe zum Bereich „Religion" formulieren.   3-5 VP

Aufgabenbereich: Wissenschaft
Stelle Dir vor, ein Grieche und ein alter Ägypter sitzen zusammen auf einem Stein und betrachten den Sonnenaufgang. Sie sind davon ganz begeistert und kommen in ein Gespräch über die Natur.
Entwerfe einen kurzen Dialog

(a) …, in dem der Grieche und der Ägypter ihre Ansicht über die Natur zum Ausdruck bringen.   3 VP

(b) …, in dem sie versuchen, den Unterschied ihrer Denkweise dem anderen zu erklären.   3 VP

(c) Jetzt tritt noch ein Gesprächspartner aus unserer Zeit auf, der den beiden sagt, welche Bedeutung der Übergang von der einen zu der anderen Denkweise hatte.   3 VP

(d) Hier darfst du wieder deine eigene Aufgabe zum Bereich „Wissenschaft" formulieren.   3-5 VP

Aufgabenbereich
Religion

Aufgabenbereich
Wissenschaft

Beobachtungen zur Problematik der Klassenarbeit

Beobachtungen zur Problematik der Klassenarbeit:

1. Die Aufgaben, die sich an die herkömmlichen Fragestellungen anlehnten, bereiteten keine Schwierigkeiten; sie waren vertraut.

2. Der größte Teil der Schülerinnen und Schüler konnte eigene Aufgaben formulieren; trotz der Operatoren gab es aber Probleme in der Einschätzung der Niveaustufen. So stellte sich ein Schüler die Aufgabe „Erkläre, warum das Orakel von Delphi ‚Orakel von Delphi' heißt" und war wegen des Operators „erklären" der Ansicht, dass es sich um eine Aufgabe der Niveaustufe B handelt; eine Schülerin versuchte sich am Operator „gestalten", der der Niveaustufe C zugeordnet ist, und stellte sich die Aufgabe „Gestalte ein Bild des Orakels von Delphi" und malte das Bild zur Aufgabe (a) aus dem Aufgabenbereich Religion einfach ab. Hier bestand also Erklärungsbedarf zum Verständnis der Operatoren.

3. Aufgabe (c) aus dem Aufgabenbereich Religion war so zu verstehen, dass die Schülerinnen und Schüler je nach Perspektive aus heutiger oder damaliger Sicht unterschiedliche Antworten geben konnten. Entscheidend war, dass sie die Perspektive benennen und die aus der jeweiligen Perspektive zutreffenden Gesichtspunkte anführen konnten. Dies gelang den meisten Schülerinnen und Schülern gut.

4. Eine Herausforderung stellte die Gestaltungsaufgabe zum Bereich „Wissenschaft" dar. Allein schon der Inhalt ist für eine 6. Klasse nicht einfach, darüber hinaus sollten unterschiedliche Niveaustufen in einem einzigen Dialog untergebracht werden und zum Dritten mussten drei Zeitebenen zu einer reduziert werden, was dem konkreten Vorstellungsvermögen natürlich Schwierigkeiten macht. Erwartungsgemäß war hier die Bandbreite von guten und schwachen Lösungen groß. Zwei Beispiele seien angeführt; im ersten wurde die Aufgabe gut gelöst, im zweiten gar nicht erst verstanden. Beide Schüler markierten die Niveaustufen wie in den anderen Aufgaben mit (a) bis (c).
G = Grieche, Ä = Ägypter, H = Heutiger Mensch.

Gelungene Lösung der Aufgabe

(a) Ä: Aaah! Der Sonnenaufgang ist wunderschön!
G: Ja, danke, ihr Elemente!
Ä: Hä? Wieso Elemente? Du musst doch den Göttern danken, die haben doch die Natur und die Erde erschaffen.
G: Nein, nein, Freundchen. Durch das Zusammenspiel der Elemente sind die Erde und somit auch die Natur entstanden.

(b) Ä: Ach so, also du denkst, dass die Erde aus Atomen entstanden ist.
G: Ja, so ungefähr, und du denkst, dass eure Götter die Natur erschaffen haben.
Ä: Ihr seid komische Vögel, werdet ihr denn nicht von den Göttern bestraft?
G: Nein, wir haben einfach verschiedene Ansichten von der Entstehung der Erde.

(c) Ä: Ach so, guck mal, da kommt noch jemand.
H: Hi, was geht?

G: Was?

H: Hallo, was macht ihr gerade?

Ä: Wir diskutieren.

H: Über was?

G: Die Entstehung der Erde.

H: Aaah! Da kenne ich mich gut aus.

Ä: Ja, dann erzähl mal!

H: Das war oder ist so: Ihr Ägypter dachtet, dass eure Götter die ganze Welt erschaffen haben. Richtig?

Ä: Ja.

H: Das nennt man „mythische Denkweise". Und ihr, die Griechen, hattet gedacht, dass die Atome und die Elemente eine Rolle spielen.

G: Richtig.

H: Das nennt man „philosophisches Denken". Zu meiner Zeit, also heute, denken wir wissenschaftlich; das haben wir vom philosophischen Denken abgeleitet.

G: Also, unsere Denkweise ist besser.

H: Ja, das kann man so sagen.

Ä: Ach schade, und warum?

H: Ihr seid oder wart zu abhängig von den Göttern.

Ä: Aha, stimmt auch wieder.

G: Ja, aber wir mögen uns ja trotzdem.

H: Ja, klar.

Ä: Wieder richtig.

Die Schülerin, die diesen Dialog verfasst hat, kann die unterschiedlichen Denkweisen unterscheiden und auf einfache Art charakterisieren. Lediglich die Unterscheidung von philosophischem und wissenschaftlichem Denken beschränkt sich darauf, dass das wissenschaftliche Denken sich aus dem philosophischen entwickelt hat. Es wird aus der heutigen Perspektive bewertet, was richtig ist, da eine konstruktivistisch hergeleitete Gleichberechtigung der Denkweisen von einem Sechstklässler nicht erwartet werden kann; sie schlägt sich immerhin in der Bemerkung nieder, dass die unterschiedlichen Denkweisen keine Unterschiede in der Bewertung der Menschen mit sich bringen: „… wir mögen uns ja trotzdem".

Analyse des Dialogs

Das zweite Beispiel:

(a) G: Ach, ist das schön hier auf dem Stein! Direkt am Meer. Was hältst Du davon?

Ä: Bei uns gibt es überall Sand, außer ein paar Oasen.

G: Ich kann es nicht glauben!! Habt ihr keine Berge? Bei uns ist alles voll damit.

Ä: Nein. Aber bei uns gibt es viele Pyramiden und die Sphinx.

Dialog ohne Verständnis der Aufgabenstellung

(b) G: Ich denke, es ist so, dass bei uns mehr gemacht werden kann als bei euch; wir können schwimmen gehen, wandern und vieles mehr. Auf Pyramiden kann man nicht wandern, sie sind glatt und man rutscht ab. Ihr könnt auch nicht schwimmen gehen.

Ä: Aber ihr könnt keine Sandburgen bauen und Wüstenrennen machen. Außerdem habt ihr niemanden, den ihr verehren könnt. Wir haben den Pharao.

Damit endet der Dialog; Niveaustufe (c) fehlt. Dieser Schüler blieb ganz in der bildlichen Anschauung der Situation und seiner eigenen Lebenssituation gefangen und hat darüber die Aufgabenstellung vergessen.

Notenspiegel der Arbeit und Schülerresonanz

Der Notenschnitt der Arbeit zeigte gegenüber der herkömmlichen Klassenarbeit keine signifikante Abweichung, wohl aber die Notenverteilung. Fünfzehn von dreißig Arbeiten lagen im Bereich von 1,0 bis 2,0; sieben im Bereich von 2,5 bis 4,0; acht im Bereich von 4,5 bis 5,25. Das ehemals zahlenmäßig dominierende Mittelfeld ist geschrumpft und mehrheitlich in den besseren Notenbereich gelangt, zum geringeren Teil aber auch abgefallen. Allerdings erlaubt die zu geringe Datenbasis keine generellen Aussagen und Schlussfolgerungen. Die Schülerinnen und Schüler waren mit der neuen Form der Klassenarbeit zufrieden und ziehen sie der alten Form vor; ausschlaggebend dafür war die offenere Anlage der Klassenarbeit; die Möglichkeit, Aufgaben zu verändern und eigene Aufgaben zu formulieren, stieß auf große Resonanz.

9 Kompetenzen und Standards

Im Eingangskapitel haben wir auf das Missverständnis im Gebrauch des Standardbegriffs hingewiesen, das durch den Sprachgebrauch der Bildungspolitik entstanden und durch die Fachdidaktik nicht korrigiert worden ist. Daher obliegt es uns, den tatsächlichen Begriffssinn zu klären. Ein Standard bezeichnet einen Qualitätsmaßstab zur Bewertung von Produkten, Arbeitsleistungen usw. In der Bildungspolitik wurden damit aber inhaltliche Zielvorgaben benannt, die künftig zu erreichen sind; in den Bildungsplänen werden sie meist als „Inhalte und Kompetenzen" bezeichnet. Mit „Standards" und „Kompetenzen" liegen zwei Begriffe vor, die wir gegeneinander abgrenzen und in die richtige Beziehung bringen müssen, um Unklarheiten zu vermeiden, die in letzter Konsequenz die Umsetzung der Bildungsstandards gefährden könnten.

Klärung des Standardbegriffs

Um Verwirrung zu vermeiden, sollten wir zur ursprünglichen Begriffsbedeutung von Standard zurückkehren, wie wir sie gerade angegeben haben: Ein Standard ist ein Qualitätsmaßstab zur Bewertung von Schülerleistungen. Unsere Noten zum Beispiel stellen solche Standards dar. Sie definieren sechs Leistungsgrade, von denen – aufsteigend vom Schlechtesten zum Besten gezählt – der dritte, die Note „ausreichend", den Mindeststandard, der sechste, die Note „sehr gut", den Maximalstandard darstellt. „Gut-befriedigend" entspräche demnach dem Regelstandard; „mangelhaft" und „ungenügend" beschreiben nicht mehr für eine Qualifikation ausreichende Unterstandards. Das Problem dieser „Standards" besteht allerdings darin, dass sie ungenau sind und ihre Anwendung gerade nicht standardisierten Normen, sondern dem Ermessensspielraum der Lehrerinnen und Lehrer unterliegt, was zu dem in Kapitel 1 dargelegten Problem der Bewertungs- und Chancenungerechtigkeit führte. Dennoch zeigt das Beispiel hinreichend klar, wozu ein Standard dient.

Beibehaltung der ursprünglichen Bedeutung von Standard

Die häufig anzutreffende Dreiteilung des Standards in Mindest-, Regel und Maximalstandard darf nicht mit den Niveaustufen einer Kompetenz verwechselt werden; ein Irrtum, der naheliegt, da auch diese Niveaustufen in der Regel dreigeteilt werden – „basal", „intermediär", „elaboriert", „Reproduktion", „Reorganisation", „Reflexion" usw. Die Niveaustufen sind Bestandteil der Kompetenz; sie entfaltet sich in diesen drei Niveaustufen, die wie der Standard ebenfalls mehr oder weniger willkürlich definiert werden; denn man könnte genauso gut zwei oder fünf oder eine andere Zahl von Niveaustufen unterscheiden, wenn dies von der Sache her sinnvoll wäre. D. h. die Niveaudefinition ist immer eine Definition der Sache, eine Sachbeschreibung, die von einer Bewertung der Sache sorgfältig unterschieden werden muss. Die Standarddefinition dagegen stellt eine bildungspolitische Vorgabe dar, die mit der

Standardebenen nicht mit Niveaustufen verwechseln

Die Standarddefinition ist eine bildungspolitische, keine didaktische Aufgabe

Sachbeschreibung, der Kompetenz usw. gar nichts zu tun hat. Sie besagt, in welchem Ausmaß eine Sache beherrscht, eine Kompetenz entwickelt, eine Qualität vorhanden sein muss, um dafür eine bestimmte Prädikatierung zu erlangen. Ein Mindeststandard könnte z. B. durch die Beherrschung der Niveaustufe A definiert werden, ebenso gut aber auch durch die Niveaustufe B. Das hängt von dem Ziel ab, zu dem die Qualifikation berechtigen soll. Will ein Schüler das Gymnasium besuchen, reichen seine sportlichen Leistungen aus, wenn sie auf dem Niveau A liegen. Für den Eintritt ins Gymnasium wäre die Niveaustufe A also der Mindeststandard. Möchte der Schüler allerdings ein Sportgymnasium besuchen, dann dürfte die Niveaustufe A nicht ausreichen; hier bildet die Niveaustufe B den Mindeststandard. Und C könnte zum Mindeststandard werden, wenn innerhalb des Sportgymnasiums noch eine besondere Leistungsgruppe gebildet wird. D. h. kompetenzorientierte Standards werden zwar durch Kompetenzniveaustufen definiert, sie sind aber nicht mit ihnen identisch.

Orientierungsparameter: Inhalte, Lernziele oder Kompetenzen

Standards orientieren sich an bestimmten Parametern, durch die sie definiert werden. Dies können Kompetenzen mit ihren Niveaustufen, aber auch Inhalte oder Lernziele sein. Wir können also inhaltsorientierte, lernzielorientierte und kompetenzorientierte Standards unterscheiden. Unsere Bildungsstandards sind bildungspolitisch als kompetenzorientierte Standards definiert, d. h. sie werden durch die Beschreibung von Kompetenzen bestimmt, die in einem bestimmten Ausmaß vorhanden sein müssen, damit eine entsprechende Qualifikation erreicht wird. Der Unterricht gemäß den Bildungsstandards ist also „standardbasiert und kompetenzorientiert". Die umgekehrte Formulierung „Standardorientierte und kompetenzbasierte Unterrichtsentwicklung", wie sie einmal bei der Ausschreibung eines Lehrgangs zu lesen war, ergibt hingegen keinen Sinn. Denn eine Kompetenz orientiert sich nicht an einem Standard, sondern hat ihre eigene Natur und Gesetzmäßigkeit. Ebenso wenig richtet sich der Inhalt einer Klassenarbeit nach den Noten, sondern umgekehrt werden die Noten entsprechend dem Inhalt der Arbeit erteilt. Noten stellen daher inhalts-, lernziel- oder kompetenzbezogene Standards dar.

Kompetenzorientierter Standard

Ein kompetenzorientierter Standard benennt also eine Kompetenz und formuliert die Niveaustufen, die zur Erreichung einer bestimmten Qualifikation notwendig sind. Dies setzt voraus, dass die Kompetenz in hinreichender Klarheit und Ausführlichkeit beschrieben worden ist. Formulierungen wie „Hypothesen aufstellen und überprüfen" beschreiben daher keinen Standard, sondern nur den allgemeinen Inhalt einer Kompetenz. Ein Standard muss angeben, in welchem Ausmaß oder Grad die entsprechende Kompetenz ausgebildet sein muss, um eine entsprechende Qualifikation zu erreichen. In der zitierten Formulierung muss also angegeben werden, in welchem Grade und Ausmaße Schülerinnen und Schüler in der Lage sein müssen, „Hypothesen aufzustellen und zu überprüfen", um ein gewünschtes Qualifikationsniveau zu erreichen. Ebenfalls muss die Domäne angegeben werden, auf die sich diese Fähigkeit bezieht; ansonsten bleibt die Kompetenz zu unklar und zu unpräzise und gerät in Gefahr, in eine Pseudokompetenz abzuleiten, deren Merkmal es ist, dass sie nicht hinreichend klar beschrieben werden kann. Wenn diese Voraussetzungen gegeben sind, kann man Mindest-, Regel- und Maximalstandards angeben, um das Qualitätsniveau präzise zu beschreiben. Anhand solcher genauen Beschreibungen kann man dann umgekehrt feststellen, in welchem Ausmaß der Standard erreicht oder verfehlt wurde. Auf diese Weise wird klar, wie Bildungsstandards formuliert werden müssen, damit sie ihr Ziel erreichen.

Wir führen zwei Beispiele für eine standardisierte Kompetenzbeschreibung an und erinnern nochmals daran, dass die Standardbeschreibung eine bildungspolitische, keine fachdidaktische Aufgabe ist. Sie lässt sich nicht aus der Kompetenz herleiten; daher sind ganz unterschiedliche Beschreibungen der Mindest-, Regel- und Maximalstandards möglich. Aus Platzgründen verzichten wir auf die Operatoren, die aber ebenfalls Teil der Standardbeschreibung sein können. Die höheren Standards schließen die unteren ein, ohne dass diese nochmals aufgeführt werden.

Ein Standard wird bildungspolitisch, nicht didaktisch definiert

Standard bzw. standardisierte Kompetenzbeschreibung „historisches Textverständnis": Schülerinnen und Schüler beherrschen den Umgang mit historischen Texten		
Domäne	Niveaustufen	Standard
· Inschriften	**(a) Reproduktion**	**(a) Mindeststandard**
· Gesetze	inhaltliches (literarisches)	**(Niveaustufe A, Elemente**
· Verträge	Verständnis	**von B)**
· Akten	**(b) Problembewusstsein**	· Domänen benennen
· Berichte	ein Problembewusstsein für	· Inhalte wiedergeben
· Chroniken	Inhalte und Darstellungs-	· Gattungskompetenz für Bild-
· Geschichtsschreibung	form des Textes entwickeln	und Textquellen
· Zeitungen	(Gattungskompetenz, Per-	· usw.
· Flugschriften	spektive, Auffälligkeiten	**(b) Regelstandard**
· Tagebücher	usw.)	**(Niveaustufen A und B, Ele-**
· Briefe	**(c) Problemlösung**	**mente von C)**
· historische Romane	Verstehen der Bedeutung	· Aussagewert bestimmen
· usw.	des Textes, Fähigkeit zur	· Problemgehalt erfassen
	Textkritik	· Standortgebundenheit er-
		kennen
		· usw.
		(c) Maximalstandard
		(Niveaustufen A,B,C)
		· umfassende
		Gattungskompetenz
		· umfassendes inhaltliches und
		methodisches Verständnis

Standardisierte Kompetenzbeschreibung „historisches Textverständnis"

Standardisierte
Orientierungskompetenz
zur ...

Orientierung in der Ge-
schichte

Standard bzw. standardisierte Beschreibung der Orientierungskompetenz:
Die Schülerinnen und Schüler können
(a) sich in der Geschichte orientieren
(b) ihren Standort und ihre Identität in der Geschichtsentwicklung erkennen.

(a) sich in der Geschichte orientieren

Domäne	Niveaustufe		Standard
· Herrschaft · Gesellschaft · Recht · Wirtschaft · Krieg · Selbstverständnis · Religion · Wissenschaft · Wirklichkeit (mit Unterdomä- nen wie unten an- gegeben)	A	Wiedergabe	**(a) Mindeststandard**
	B	Problembe- wusstsein entwickeln	· Domänen benennen · Grundlegende Wendepunkte in den Domänen Herrschaft, Gesellschaft, Religion und Wissenschaft angeben
	C	Problemlö- sung, methodische Reflexion	**(b) Regelstandard** · Grundlegende Wendepunkte in den Domänen angeben · Zusammenhang zentraler Domänen analysieren · Standortgebundenheit einbeziehen **(c) Maximalstandard** · Zusammenhang der Domänen analysieren · Konstruktion beherrschen

Orientierung durch Ge-
schichte

(b) Standort und Identität erkennen

Domäne	Niveaustufe		Standard
· Herrschaft · Gesellschaft · Recht · Wirtschaft · Krieg · Selbstverständnis · Religion · Wissenschaft · Wirklichkeit (mit Unterdomä- nen wie unten angegeben)	A	Wiedergabe	**(a) Mindeststandard**
	B	Problembe- wusstsein entwickeln	· den eigenen Standort bestimmen und beschreiben
	C	Problemlö- sung, methodische Reflexion	**(b) Regelstandard** · Zusammenhang von Standort und Identität analysieren · Relativierung des eigenen Standorts vornehmen und begründen **(c) Maximalstandard** · historisches Eigen- und Fremdverstehen leisten · Konstruktion beherrschen

10 Ausblick: Chancen und Risiken der Bildungsstandards und des kompetenzorientierten Unterrichts

Das Konzept der Bildungsstandards und des kompetenzorientierten Unterrichts führt zu einem neuen Unterrichtsverständnis und verlangt eine Änderung der Unterrichtsplanung. Es handelt sich nicht mehr um die Erreichung von konkreten, singulären Lernzielen, sondern um die Ausbildung von Kompetenzen. Dies gibt der Einzelstunde eine neue Zielrichtung und verlangt vor allem eine langfristige, wohldurchdachte Planung des Unterrichts. Wie die Praxis bisher gezeigt hat, ist diese Veränderung noch nicht hinreichend verstanden worden. Zu sehr orientiert sich der Unterricht noch an den traditionellen historischen Inhalten, die oftmals nur mit dem Vokabular des kompetenzorientierten Unterrichts etikettiert werden. Man hält den gewohnten Unterricht und „bedient" dabei – so das Vokabular auf einer Fortbildung – Kompetenzen statt sie zu entwickeln. Fraglos enthält auch eine kompetenzorientierte Unterrichtsplanung Lernziele; das ist unumgänglich, da auch der Kompetenzerwerb selbstverständlich ein Ziel darstellt, das durch einen Lernprozess erreicht wird. Ein Sprachpurismus, der Begriffe wie „Lernziele" oder gar überhaupt nur „Ziele" im kompetenzorientierten Unterricht vermeiden will, zeugt von wenig Verständnis in der Sache und ist unangebracht. Allerdings muss man den Unterschied der beiden Zielrichtungen deutlich sehen. Das Lernziel des lernzielorientierten Unterrichts ist auf die Sache und ihr Verständnis ausgerichtet; das Lernziel des kompetenzorientierten Unterricht dagegen stellt die Ausbildung einer Kompetenz dar und ist am Schüler orientiert. Wenn also die Ursachen der Französischen Revolution im lernzielorientierten Unterricht behandelt und geklärt sind, dann ist das Lernziel „Einsicht in die Entstehungsbedingungen der Französischen Revolution gewinnen" erreicht und der Unterricht an seinem Ziel angekommen. Der Lernzielcharakter bleibt auch dann erhalten, wenn die Zielsetzung dem Anschein nach kompetenzorientiert formuliert wird: „Die Schülerinnen und Schüler können die Entstehungsbedingungen der Französischen Revolution darstellen". Auch dies ist immer noch ein Lernzielbeschreibung, weil der Allgemeinheitscharakter der Kompetenz fehlt; sie zielt immer noch auf eine konkrete Sache, noch nicht auf eine allgemeine Fähigkeit der Schüler, auch wenn das Verbum „können" scheinbar eine Befähigung meint, die den Schülerinnen und Schülern eigen ist. Die Kompetenz geht immer über den Einzelfall hinaus und beschreibt eine Befähigung, die zunächst noch gar keinen Bezug auf die konkrete Geschichte enthalten

Neue Zielsetzung und Planung von Unterricht

Unterschied von Lernziel- und Kompetenzorientierung

Der Operator „können" verbürgt noch keine Kompetenz

darf; denn sonst wäre sie nur eine Performanz, wie wir oben ausgeführt haben. Die Kompetenz wird nicht durch den Einzelfall, sondern durch das kategoriale Wissen der entsprechen Domäne beschrieben. Im Falle der Ursachen der Französischen Revolution wäre also die kompetenzorientierte Zielbeschreibung „Die Schülerinnen und Schüler kennen Formen der Herrschaft und können ihre Zeitangemessenheit und Legitimität beurteilen". Damit wird nichts anderes als die Domäne „Herrschaft" beschrieben. Die Französische Revolution bildet den konkreten Geschichtsbezug, an dem diese Kompetenz realisiert wird. Umgekehrt liefert die Behandlung der Französischen Revolution einen Baustein zum Aufbau der Sachkompetenz im Hinblick auf die Domäne „Herrschaft". Der Kompetenzerwerb liegt in der Ausbildung des entsprechenden kategorialen Wissens und Urteilsvermögens, das zu einer Fähigkeit vernetzt wird; lernpsychologisch ist das der Vorgang der Schemabildung, bei dem aus dem rein äußerlichen Begriffsschema das lerntheoretische Schema der Kompetenz wird. Dies zu verstehen, verlangt begriffliches

„Pragmatismus" gefährdet das Konzept der Bildungsstandards

Unterscheidungsvermögen und lerntheoretische Kenntnisse. Der Hang, solche Überlegungen als „theoretisch" beiseite zu schieben und durch angeblich „pragmatisches Vorgehen" zu ersetzen, stellt eine ernsthafte Gefährdung des Konzepts der Bildungsstandards und der Kompetenzorientierung dar. Dies umso mehr, wenn diese Neigung auch die Ausbildungsstätten und die übergeordneten Dienststellen erfassen sollte. Ein tiefgreifendes Konzept wie das der Bildungsstandards und der Kompetenzorientierung ist nicht zum geistigen Nulltarif, sozusagen „kosten- und denkneutral", zu haben.

Die zweite große Aufgabe des kompetenzorientierten Unterrichts liegt in seiner Langzeitplanung. Der Aufbau von Kompetenzen ist ein langfristiger Prozess, der nicht nur für eine Unterrichtseinheit, nicht nur für ein Lehrjahr, sondern für die gesamte Schulzeit geplant werden muss. Diese Langzeitplanung müssen die Lehrerinnen und Lehrer von Anfang an im Auge haben. Das ist gerade für junge Lehrerinnen und Lehrer kaum zu leisten, da sie diesen Überblick am Anfang ihres Lehrerdaseins noch gar nicht haben können. Daher muss eine Gesamtkonzeption entwickelt werden, die von der persönlichen Er-

Verankerung von kompetenzorientiertem Unterricht in den Bildungsplänen

fahrung des einzelnen Lehrers und der einzelnen Lehrerin unabhängig ist und der Orientierung dient. Dies ist Aufgabe der Ausbildungsstätten und der Fachschaften der Schulen, vor allem aber der Ministerien bei der Erstellung der Bildungspläne. Der Abfassung der Bildungspläne muss eine solche Gesamtkonzeption zugrunde liegen, die die Anordnung ihrer Inhalte bestimmt. Nur wenige Bundesländer können bislang eine solche Gesamtkonzeption vorweisen; zum jetzigen Zeitpunkt (2009) ist es ein gutes Drittel, aber die Zahl wird wachsen. Noch sind die Vorstellungen zum kompetenzorientierten Unterricht sehr disparat, wie wir beim Blick in die Bildungspläne gesehen haben. Aber die Weiterarbeit an der Sache sowie die Erfahrungen aus dem Unterricht werden eine Angleichung herbeiführen, wenn man gewillt ist, sich an der Sache und den Erfahrungen mit den Schülerinnen und Schülern zu orientieren.

Eine Rückkehr zum stoff- oder lernzielorientierten Unterricht ist ausgeschlossen, da die Mängel dieser Unterrichtsformen unstrittig sind und nicht innerhalb ihrer eigenen Konzepte behoben werden können. Diese Defizite kann der kompetenzorientierte Unterricht ausgleichen, da er konzeptionell auf Nachhaltigkeit ausgerichtet ist, die durch den lerntheoretischen und neurowissenschaftlichen Unterbau des kompetenzorientierten Unterrichts zuverlässig erreicht werden kann. Es wird aber darauf ankommen, diese wissenschaftstheoretischen Voraussetzungen in die konkrete Gestaltung des Unterrichts einzubauen, wie wir dies an den Beispielen der Wiederholung und der Vernetzung gezeigt haben.

Die Schülerresonanz auf den Geschichtsunterricht wird verbessert werden, wenn die Schülerinnen und Schüler erkennen, dass auch der Geschichtsentwicklung klare Strukturen zugrunde liegen, auf die man im Unterricht immer wieder zurückkommt und die einem helfen, in der angeblichen „Kontingenzmasse par excellence" doch einen roten Faden zu sehen. Die Möglichkeiten des Fremdverstehens, die sich durch die konstruktivistische Methodenkompetenz eröffnen, dürften ebenfalls zur Wertschätzung und Akzeptanz dieses Unterrichtskonzepts beitragen.

Die Chancen, den Unterricht zu verbessern, das Geschichtsverständnis zu vertiefen sowie die Handlungskompetenz der Schülerinnen und Schüler zu heben, sind durch das Unterrichtskonzept des kompetenzorientierten Unterrichts in der Sache gegeben; ob sie genutzt werden, wird von den Verantwortlichen in den Ministerien, Regierungspräsidien, Seminaren und in den Klassenzimmern abhängen. Von der Regsamkeit oder Trägheit ihres Geistes wird sein Gelingen oder Misslingen bestimmt werden.

Eine Rückkehr zum stoff- oder lernzielorientierten Unterricht ist ausgeschlossen

Kompetenzorientierung verbessert den Unterricht, wenn ihr Potenzial genutzt wird

Anhang

(1)   Eine kompetenzorientierte bilinguale Unterrichtsstunde

Wegen der zunehmenden Bedeutung des bilingualen Unterrichts sei auch ein bilingualer Unterrichtsentwurf vorgestellt.

Die Stunde zum Thema „The Pilgrim Fathers – Early Life in the Colonies" wurde von Isabel Jenter entworfen und in einer 8. Klasse des bilingualen Zugs am Otto-Hahn-Gymnasium Ludwigsburg gehalten.

I. Klassensituation

Die Klasse ist als leistungsstark einzustufen; die am Anfang der 8. Klasse entsprechend den Strukturgittern zu erwartenden Kompetenzen sind auf der Niveaustufe A durchgehend, auf der Stufe B weitgehend vorhanden; C wird etwa von einem Drittel der Klasse erreicht. Die Schüler erhielten in diesem Schuljahr zum ersten Mal bilingualen Geschichtsunterricht, so dass bisher wenig Zeit blieb, spezifische Arbeitstechniken des bilingualen Geschichtsunterrichts einzuüben. Besondere Niveauüberprüfungen für den bilingualen Unterricht wurden daher noch nicht vorgenommen. Ich konnte diesbezüglich jedoch keine schwerwiegenden Defizite erkennen. Eine behutsame Hinführung zu den Methoden hat sich bisher als geeignet erwiesen. Den Schülern wurde außerdem zur Entlastung ein Wörterbuch zur Einheit ausgeteilt. Auch konnte festgestellt werden, dass die Schüler nicht daran gewöhnt sind, Englisch als Arbeits- und Klassenzimmersprache zu benutzen. Auch hier konnten bisher nur kleine Fortschritte verbucht werden.

II. Kompetenzen

(a) Sachkompetenz

Die Stunde steht unter der Leitkategorie „Gesellschaft" mit der Unterdomäne „Gruppenrechte", wobei die Gruppe der Pilgerväter bereits im Übergang zur nächsten Stufe der „allgemeinen Menschenrechte" stehen. Über die Erarbeitung des Selbstverständnisses der Pilgerväter in der heutigen Stunde und der Ereignisse, die zur Unabhängigkeit führen, in der darauf folgenden Stunde soll klar werden, dass die Puritaner in der Progression „Rechtlosigkeit → Gruppenrechte → allgemeine Menschenrechte" zwar mit einem Fuß bereits in der dritten Stufe stehen, sich jedoch noch ganz am Anfang befinden, weil sie zwar für die Freiheit einer bestimmten Gruppe kämpften, die Gemeinschaft aber dem Individualismus noch immer überordnen. Das in dieser Stunde erarbeitete Selbstverständnis der Puritaner soll dazu dienen, die Vorstufen des Kampfes für Menschenrechte bereits 150 Jahre vor der Amerikanischen Revolution deutlich zu machen. Sobald die Ereignisse der Revolution bekannt sind, kann dafür auf das Selbstverständnis zurückgegriffen werden.

(b) Methodische Kompetenz: Bildarbeit; Quellenarbeit

III. Sachanalyse

Die ersten Pilger, die auf der Mayflower 1620 in die Kolonien kamen, zeichneten sich neben einem besonderen religiösen Sendungsbewusstsein durch ein ausgeprägtes Streben nach Eigenständigkeit aus, gepaart mit einem Identität stiftenden Gemeinschaftsgefühl. Die Religion spielte eine große Rolle im Leben der Pilgerväter, die in der Neuen Welt religiöse Freiheit suchten. Dennoch zeigte sich bald, dass ihre eigene Toleranz Grenzen hatte. Man sah sich als „God's chosen people". Im Leben der Puritaner galten schwere Zeiten als Prüfungen, so auch die ersten Siedlerjahre, die es zu bestehen galt, um die Auserwähltheit durch Gott sichtbar zu machen. Im Mayflower Compact verpflichteten sich die Männer noch an Bord des Schiffes in einem Bund, der formal dem covenant zur Gründung einer Kirchengemeinde glich, an Land in einem „civil body politic" zusammenzubleiben und sich als Untertanen des englischen Königs gemeinsam zu regieren. Dieser 1620 geschlossene Überlebensbund wird später zum Herzstück des Gründungsmythos der USA.

Kaufleute und andere zum Teil wohlhabende und gebildete Puritaner gründeten 1630 die Massachusetts Bay Company. Nach den Pilgervätern kamen innerhalb von nur zwanzig Jahren 18.000 englische Siedler in die Massachusetts Bay. Das Leben in den Neuengland-Kolonien blieb zunächst von den Puritanern geprägt. Viele Ansichten der Puritaner haben sich bis heute, gepaart mit dem späteren „Frontier Spirit" und dem „Manifest Destiny", im Selbstverständnis vieler Amerikaner erhalten. Als Zeichen für ihre Auserwähltheit galten den Puritanern der Erfolg und das Aufstreben ihrer Siedlung. Auch im Alltagsleben zeigt sich die Auffassung der Puritaner, dass jedem Gläubigen im Leben schwere Prüfungen auferlegt werden, deren Bestehen aber als Zeichen der Auserwähltheit zu werten sei. Und auch für die Unabhängigkeit spielten die Auffassung der Puritaner und deren Weg, sich selbst zu regieren, keine unerhebliche Rolle, da sie zu den Ersten zählten, die sich selbst regierten, wenn sie sich auch weiterhin als Untertanen der englischen Krone begriffen.

IV. Stundenziele

Sachkompetenz:

Die Schüler können das Selbstverständnis der Pilgerväter beschreiben (Niveaustufe A) und den Zusammenhang zwischen dem Leben der Siedler und der Religion darstellen (B). Sie können ansatzweise bewerten, ob und inwiefern sich die Realität mit den Erwartungen der Siedler deckte bzw. ob die Siedler in ihrer neuen Heimat glücklich waren – sofern hier eine Aussage möglich ist (C). Die letzte Niveaustufe wird für schwächere Schüler in dieser Stunde ausgespart, sofern sie sich nicht an der Diskussion beteiligen, denn das komplexe Thema stellt durch die Erarbeitung in der Fremdsprache bereits eine große Herausforderung dar.

Methodenkompetenz:

Die Schüler können die Haltung der Siedler aus einer Schrift- und Bildquelle (illustrierte Epigramme) herausarbeiten. Sie arbeiten in einer zweiten vertiefenden Phase grundlegende Prinzipien des Siedlerlebens und des Selbstverständnisses der Pilgerväter aus einer schriftlichen Quelle (Tagebucheintrag) heraus und formulieren sie in eigenen Worten, indem sie einen Lückentext bearbeiten und eine Frage zum Text schriftlich beantworten (Niveaustufe A). Sie kehren dann zu einer Bildquelle zurück und wenden ihr Wissen in einem Transfer an, indem sie das Gelernte einer zeitgenössischen Person in den Mund legen (Niveaustufe B).

Spezielle Kompetenzen des bilingualen Unterrichts:

Die Schüler üben Vokabeln der Bildbeschreibung ein. Sie nutzen die Fremdsprache bei der Partnerarbeit als Arbeitssprache im Sachfachunterricht (student-to-student-activity) (Niveaustufe A). In einer zweiten Arbeitsphase konzentrieren sie sich zunächst nicht auf das Sprechen, sondern auf die intensive Auseinandersetzung mit der Sprache, indem sie Sätze umformulieren müssen, um einen Lückentext zu bearbeiten (Niveaustufe B). Schnellere Schüler haben danach Zeit zu einer weiteren Student-to-student-activity, indem sie mit einem Partner das Unterfangen der Pilgerväter beurteilen (Niveaustufe C).

V. Stundenaufbau und methodische Planung

1. Als Einstieg dient das Bild eines Kirchenältesten vor einem Pub, in dem durch die Gestik zum Ausdruck kommt, dass der Kirchenälteste den Kneipenbesuchern eine Strafpredigt hält. Der Einstieg leitet über zur Problemfrage: Wie spielte sich das Leben der Pilgerväter in den Kolonien ab und inwiefern war die Religion die Grundlage für das tägliche Leben?

2. Als Quelle eignen sich im Sinne der angestrebten Visualisierung und als Motivation für die Schüler puritanische Bildepigramme - eine nicht alltägliche Quelle. Die Schüler arbeiten arbeitsteilig und beschäftigen sich intensiv nur mit einem Epigramm, so dass Zeit bleibt, das Epigramm eingehend zu studieren und dabei auch das Bild einzubinden, die Arbeitsphase aber trotzdem nicht zu lange dauert. Zur sprachlichen Entlastung der Schüler dient eine deutsche Übersetzung der Quelle, die im Sinne der Zweisprachigkeit im bilingualen Unterricht zu rechtfertigen ist. Bei der anschließenden Besprechung werden die Schüler angeregt, den anderen Schülern genau zuzuhören und ihre Aufschriebe selbstständig zu ergänzen. So soll versucht werden, die Klasse zum konzentrierten Arbeiten zu führen. Die Ergebnissicherung erfolgt mündlich, schriftlich lediglich von den Schülern auf dem Arbeitsblatt.

3. In einer zweiten Arbeitsphase setzen sich die Schüler vertiefend mit einem Tagebucheintrag auseinander, um der Frage nachzugehen, wie die Siedler sich in ihrer Heimat zurechtfanden. Mit Hilfe der Quelle wird außerdem die Bedeutung der Gemeinde bzw. Gemeinschaft für die Pilgerväter deutlich gemacht (Niveau B). Die Quelle basiert auf drei verschiedenen Briefen aus der Frühzeit der puritanischen Kolonie Massachusetts und stellt damit einen fiktionalen Tagebucheintrag dar, der

jedoch sehr nah an der authentischen Quelle ist, allerdings sprachlich deutlich vereinfacht wurde. Auf diese Weise konnte auf eine deutsche Übersetzung verzichtet werden. Die Quelle liegt sprachlich noch leicht über dem Schülerniveau, so dass die Schüler gefordert, aber nicht überfordert werden. Diese Arbeitsphase wird auf Folie gesichert. Die Quelle wird im Plenum besprochen, da die Schüler Wert darauf legen, die Ergebnisse mit dem Lehrer abzugleichen. Die dritte Frage (Niveau C) ist als Binnendifferenzierung eingebaut, da zu erwarten ist, dass einige Schüler schneller arbeiten als andere.

4. Die sich anschließende vertiefende Diskussion knüpft an die beiden letzten Stunden an. Die Schüler sollen beurteilen, ob die Siedler wohl mit ihrem Leben zufrieden waren, indem sie es mit den Erwartungen der Puritaner bei deren Auswanderung vergleichen. Die Hausaufgabe stellt einen Transfer dar.

Die Verlaufsskizze sowie die Ergebnissicherung wurden noch in der lernzielorientierten Form verfasst, die wir daher nicht anführen. In der kompetenzorientierten Darstellung würde die Ergebnissicherung die Schemata der Domänen „Herrschaft", „Recht" und „Selbstverständnis" festhalten und miteinander vernetzen. Bei der Anwendung des Schemas auf die Puritaner muss geprüft werden, inwieweit sie dem typologischen Schema entsprechen oder davon abweichen. In der Domäne „Herrschaft" trifft die typologische Kategorie „Demokratie" uneingeschränkt zu; bei den beiden anderen kategorialen Zuordnungen müssten wohl Abstriche gemacht werden und die Puritaner eher zwischen den großen Typusformen eingeordnet werden.

Kompetenzschema für die puritanische Einwanderung in Amerika			
	Herrschaft	**Recht**	**Selbstverständnis**
Puritaner	Demokratie	allgemeine Menschenrechte	Individualismus
	Aristokratie	Gruppenrechte	Gruppen-bewusstsein
	Theokratie	Rechtlosigkeit	kollektives Bewusstsein

(2) Literatur,
auf die verwiesen oder aus der zitiert wurde

Bildungsstandards des Verbands der Geschichtslehrer Deutschlands 2006. Internetversion vom 16. Juni 2006

Bildungspläne der Bundesländer. Internetversionen beim Deutschen Bildungsserver.

Heil, Werner: Das Problem der Erklärung in der Geschichtswissenschaft. Frankfurt 1988 (1)

Heil, Werner: Der stille Ruf des Horusfalken. Marbach 1999 (2)

Klieme, Eckhard u. a.: Zur Entwicklung nationaler Bildungsstandards – Eine Expertise. Berlin/Bonn 2003 (1)

Klieme, Eckard: Leitideen der Bildungsreform und der Bildungsforschung. In: Pädagogik 5/09, S.44-47 (2)

Körber, Andreas/Schreiber, Waltraud/Schöner, Alexander (Hrsg.): Kompetenzen historischen Denkens. Ein Strukturmodell als Beitrag zur Kompetenzorientierung in der Geschichtsdidaktik. Neuried 2007

Krusche, Dietrich: Japan – Konkrete Fremde. Stuttgart ²1983

Pandel, Hans-Jürgen: Geschichtsunterricht nach PISA. Kompetenzen, Bildungsstandards und Kerncurricula. Schwalbach/Ts. ²2007

Seel, Norbert M.: Psychologie des Lernens. München Basel ²2003

Stegmüller, Wolfgang: Probleme und Resultate der Wissenschaftstheorie und Analytischen Philosophie Bd. I: Wissenschaftliche Erklärung und Begründung. Berlin 1969

Weinert, F. E.: Vergleichende Leistungsmessung in Schulen – eine umstrittene Selbstverständlichkeit. In: Weinert, F. E. (Hg.): Leistungsmessungen in Schulen. Weinheim und Basel 2001

(3)   Anmerkungen

[1] Klieme (2), S. 45

[2] Klieme (2), S. 45

[3] Weinert, S. 27f.

[4] Pandel, S. 24

[5] Selbstverständlich ist hier mit „Kompetenz in der Sache" nicht nur die Sachkompetenz gemeint, sondern jede inhaltlich bestimmte Kompetenz, wie aus den angeführten Beispielen hervorgeht.

[6] Es stellt die Domäne den Bereich dar, auf den sich eine Kompetenz erstreckt und den sie „beherrschen" soll; daher der Ausdruck Domäne von lat. „dominus" = Herr

[7] Klieme (1), S. 15.

[8] Klieme (2). S. 45

[9] Pandel, S. 24

[10] Vgl. Bildungsstandards des Verbands der Geschichtslehrer Deutschlands, S. 7

[11] Pandel, S. 24

[12] Pandel, S. 24

[13] Pandel, S. 27-31

[14] Den Bildungsplan von Nordrhein-Westfalen habe ich nicht eingesehen, da er nur über einen Verlag und mit Passwort zugänglich war.

[15] Hamburger Rahmenplan 2009, S. 10

[16] Hamburger Rahmenplan 2009, S. 10

[17] Hamburger Rahmenplan 2009, S. 11

[18] Hamburger Rahmenplan 2009, S. 15

[19] Hamburger Rahmenplan 2009, S. 15ff.

[20] Hamburger Rahmenplan 2009, S. 15

[21] Hamburger Rahmenplan 2009, S. 19

[22] Berliner Rahmenlehrplan 2009, S. 12f.

[23] Berliner Rahmenlehrplan 2006, S. 15

[24] Berliner Rahmenlehrplan 2006, S. 23

[25] Berliner Rahmenlehrplan 2006, S. 23

[26] Berliner Rahmenlehrplan 2006, S. 18

[27] Berliner Rahmenlehrplan 2006, S. 21

[28] Berliner Rahmenlehrplan 2006, S. 26

[29] Berliner Rahmenlehrplan 2006, S. 24

[30] Niedersächsisches Kerncurriculum 2008, S. 5

[31] Niedersächsisches Kerncurriculum 2008, S. 5

[32] Niedersächsisches Kerncurriculum 2008, S. 9

[33] Niedersächsisches Kerncurriculum 2008, S. 9

[34] Niedersächsisches Kerncurriculum 2008, S. 10f.

[35] Niedersächsisches Kerncurriculum 2008, S. 12

[36] Niedersächsisches Kerncurriculum 2008, S. 12

[37] Niedersächsisches Kerncurriculum 2008, S. 13

[38] Niedersächsisches Kerncurriculum 2008, S. 21

[39] Klieme (2), S. 47

[40] Niedersächsisches Kerncurriculum 2008, S. 21

[41] Niedersächsisches Kerncurriculum 2008, S. 24f.

[42] Niedersächsisches Kerncurriculum 2008, S. 27

[43] Niedersächsisches Kerncurriculum 2008, S. 27

[44] Niedersächsisches Kerncurriculum 2008, S. 27

[45] Siehe Literaturverzeichnis Körber/Schreiber/Schöner (Hrsg.). Das Akronym FUER steht für ein Forschungsprojekt „Förderung und Entwicklung von reflektiertem und (selbst-)reflexivem Geschichtsbewusstsein".

[46] Körber/Schreiber/Schöner, S. 19

[47] Heil (1), S. 48; Vgl. Stegmüller, S. 354

[48] Körber/Schreiber/Schöner, S. 24f.

[49] Körber/Schreiber/Schöner, S. 27

[50] Körber/Schreiber/Schöner, S. 8f.

[51] Körber/Schreiber/Schöner, S. 9ff.

[52] Körber/Schreiber/Schöner, S. 31ff.

[53] Körber/Schreiber/Schöner, S. 42f.

[54] Körber/Schreiber/Schöner, S. 46

[55] Körber/Schreiber/Schöner, S. 47

[56] Körber/Schreiber/Schöner. S. 156

[57] Vgl. Heil (2), S. 21 - 33

[58] Pandel, S. 24-65

[59] Pandel, S. 27

[60] Pandel, S. 30

[61] Pandel, S. 31

[62] Pandel, S. 32

[63] Pandel, S. 33

[64] Pandel, S. 35

[65] Pandel, S. 36

[66] Pandel, S. 37

[67] Pandel, S. 37

[68] Pandel, S. 40

[69] Pandel, S. 41

[70] Pandel, S. 57

[71] Pandel, S. 58f.

[72] Bildungsstandards Verband der Geschichtslehrer Deutschlands, S. 7

[73] Bildungsstandards Verband der Geschichtslehrer Deutschlands, S. 7f.

[74] Bildungsstandards Verband der Geschichtslehrer Deutschlands, S. 8

[75] Bildungsstandards Verband der Geschichtslehrer Deutschlands, S. 9f.

[76] Bildungsstandards Verband der Geschichtslehrer Deutschlands, S. 8

[77] Bildungsstandards Verband der Geschichtslehrer Deutschlands, S. 10

[78] Bildungsstandards Verband der Geschichtslehrer Deutschlands, S. 9

[79] Bildungsstandards Verband der Geschichtslehrer Deutschlands, S. 10

[80] Bildungsstandards Verband der Geschichtslehrer Deutschlands, S. 13f.

[81] Bildungsstandards Verband der Geschichtslehrer Deutschlands, S. 14, 24, 33

[82] Bildungsstandards Verband der Geschichtslehrer Deutschlands, S. 15, 25, 34

[83] Bildungsstandards Verband der Geschichtslehrer Deutschlands, S. 15, 26, 35

[84] Bildungsstandards Verband der Geschichtslehrer Deutschlands, S. 16, 26f., 36

[85] Vgl. Heil (2), S. 21-33

[86] Pandel, S. 24

[87] Hier sei auf den zweiten Band dieser Reihe „Geschichte im Unterricht" verwiesen, wo wir diese andere Wirklichkeitskonstruktion und dieses andere Wirklichkeitsverständnis an konkreten Unterrichtsinhalten ausführen werden.

[88] Krusche, S. 104

[89] Krusche, S. 77

[90] Krusche, S. 77

[91] Krusche, S. 63f.

[92] Seel, S. 52f.

[93] Seel, S. 51

[94] Seel, S. 56

[95] Pandel, S. 24.

[96] Genaueres dazu bei Markowitsch, Hans-Joachim: Dem Gedächtnis auf der Spur. Vom Erinnern und Vergessen. Darmstadt 2002; Spitzer, Manfred: Lernen. Gehirnforschung und die Schule des Lebens. Heidelberg 2003; Libet, Benjamin: Mind Time. Wie das Gehirn Bewusstsein produziert. Frankfurt 2005; Bauer, Joachim: Warum ich fühle, was du fühlst. Intuitive Kommunikation und das Geheimnis der Spiegelneuronen. Hamburg 2006